财经新知文丛·体验系列

体验微商经营

李晓庆 编著

中国财经出版传媒集团
经济科学出版社
Economic Science Press

图书在版编目（CIP）数据

体验微商经营／李晓庆编著 . —北京：经济科学出版社，2018.2

（财经新知文丛·体验系列）

ISBN 978-7-5141-9133-2

Ⅰ.①体… Ⅱ.①李… Ⅲ.①网络营销-基本知识 Ⅳ.①F713.365.2

中国版本图书馆 CIP 数据核字（2018）第 047557 号

责任编辑：白留杰　凌　敏
责任校对：隗立娜
责任印制：李　鹏

体验微商经营

李晓庆　编著

经济科学出版社出版、发行　新华书店经销
社址：北京市海淀区阜成路甲 28 号　邮编：100142
教材分社电话：010-88191343　发行部电话：010-88191522
网址：www.esp.com.cn
电子邮件：lingmin@esp.com.cn
天猫网店：经济科学出版社旗舰店
网址：http://jjkxcbs.tmall.com
北京季蜂印刷有限公司印装
880×1230　32 开　5 印张　130000 字
2018 年 2 月第 1 版　2018 年 2 月第 1 次印刷
ISBN 978-7-5141-9133-2　定价：16.00 元
(图书出现印装问题，本社负责调换。电话：010-88191510)
(版权所有　侵权必究　打击盗版　举报热线：010-88191661
QQ：2242791300　营销中心电话：010-88191537
电子邮箱：dbts@esp.com.cn)

编委会名单

主　编　刘明晖　梁　峰
成　员　(按姓氏笔画排序)
　　　　　王　涛　田娟娟　白留杰
　　　　　孙泽华　李晓庆　邱晓文
　　　　　张　芳　郑琳琳　段永军
　　　　　贾玉衡　郭　莹　梁　爽

总　　序

　　党的十八大以来，以创新、协调、绿色、开放、共享为核心的新发展理念日益深入人心。五大发展理念，符合中国国情和发展阶段的基本特征，顺应了时代要求，指明了"十三五"乃至更长时期我国的发展思路、发展方向和发展着力点。深入理解、准确把握新发展理念的科学内涵和实践要求，对于我国破解发展难题，厚植发展优势，实施乡村振兴战略，实现"两个一百年"奋斗目标，具有重大现实意义和深远历史意义。

　　创新是引领发展的第一动力。发展动力决定发展速度、效能、可持续性。树立创新发展理念，就必须把创新摆在国家发展全局的核心位置，不断推进理论创新、制度创新、科技创新、文化创新等各方面创新，让创新贯穿党和国家的一切工作，让创新在全社会蔚然成风。

　　协调是持续健康发展的内在要求。树立协调发展理念，重点在于促进城乡区域协调发展，促进经济社会协调发展，促进新型工业化、信息化、城镇化、农业现代化同步发展，在增强国家硬实力的同时注重提升国家软实力，不断增强发展整体性。

　　绿色是永续发展的必要条件和人民对美好生活追求的重要体现。绿色发展，就是要解决好人与自然和谐共生问题，就是要走生产发展、生活富裕、生态良好的文明发展道路，推动清洁生产和绿色消费，加快建设资源节约型、环境友好型社会，形成人与自然和谐发展的现代化建设新格局，推进美丽中国建设，为全球生态安全做出新贡献。

开放是国家繁荣发展的必由之路。树立开放发展理念，就是要顺应我国经济深度融入世界经济的趋势，奉行互利共赢的开放战略，推动"一带一路"国际合作，积极参与全球经济治理和公共产品供给，提高我国在全球经济治理中的话语权，推动构建人类命运共同体。

共享是中国特色社会主义的本质要求。共享发展就要让全体人民共享国家经济、政治、文化、社会、生态文明各方面建设成果。树立共享发展理念，就是要坚持发展为了人民、发展依靠人民、发展成果由人民共享，做出更有效的制度安排，使全体人民在共建共享发展中有更多获得感，增强发展动力，增进人民团结，朝着共同富裕方向稳步前进。

五大发展理念，是我国引领中长期发展的理念。创新发展，是我国经济进入新常态后培育新动力的必然选择；协调发展，是缩小发展差距，解决地区之间、城乡之间发展不平衡的重要举措；绿色发展，是协调人与自然关系、还人民群众一个天蓝地绿水清的宜居环境的客观要求；开放发展，是统筹国内外发展，由"追赶""跟随"到"引领"并为世界发展贡献中国智慧的必由之路；共享发展，是让人民有更多获得感、让群众生活更美好的重要途径。

为了使读者深入理解和准确把握新发展理念的科学内涵，了解新发展理念在实践中的具体运用，我们响应党和国家关于"全民阅读"的系列计划与行动倡议，组织有关专家编写了这套"财经新知文丛"书系。"文丛"为开放性通俗读本，结合读者对于财经问题的关切，分别以不同的主题系列陆续推出。

总　序

"财经新知文丛·体验系列"首批共推出八本，具体包括：《体验"一带一路"》《体验双创生活》《体验微型金融》《体验绿色消费》《体验智慧城市》《体验微商经营》《体验特色小镇》《体验健康服务》。本丛书分别从不同的视角，展示新发展理念的生动实践，以及对我们日常生活的影响，对于开拓我们的视野，启迪我们的智慧，丰富我们的生活，将有很大的帮助。今后，我们还将根据社会发展和广大读者的需要，进一步推出新的内容。

为了能使读者在获取知识的同时享受阅读的快乐，本丛书遵循了以下原则。

1. 内容上力争积极、正面、严谨、科学，使读者在获取相关知识的同时在思想上有所启迪。

2. 形式上力求用较为通俗易懂的语言，深入浅出地介绍通识性知识、讲述基础性内容，使读者在获取知识的同时体验阅读的愉悦感。

3. 结构上避免专著与教材的呆板模式，按"问题"方式展开全书内容，适当插入一些"专家论道"和"百姓茶话"等小资料，使版式设计宽松活泼，让读者在获取知识的同时体验阅读的舒适感。

梁　峰
2018年2月

前　　言

随着互联网的发展和智能手机普及，微信作为腾讯公司推出的应用于智能手机的免费程序走入人们的生活。微信不仅是在完善聊天功能的基础上增设了许多系列功能，同时也成了一种新型的商业平台。在这个平台上以商家或个人为单位，完成产品的推广与销售，我们称这样的商家或个人为微商。这种新型的销售方式无疑带来了一定的利润，吸引着很多人，希望加入这种新型的销售行列中，希望成为微商。

本书从微商实际经营中的常见问题入手，从"大家眼中的微商""微商从业者的条件""新手微商入门准备""货源管理""商品管理""营销管理""客户管理""微商事业的成功之道"八个方面对于微商经营中可能会遇到的问题进行了全面的分析和讲解，使读者在阅读之后迅速了解什么是微商，轻松学会怎么做微商。特别适用于准备加入微商行业的新手，或是在微商经营中遇到常见问题，缺少应对经验的商家。

本书内容充实，结构完整，理论与实例结合，图文并茂，条理清晰，语言通俗易懂，融入个人微商体验心得，力求读者可以在阅读的过程中轻松地理解和掌握。但由于作者知识水平有限，难免有很多错误和疏漏之处，还请广大读者朋友谅解和多提宝贵意见。

李晓庆

2018 年 1 月

目 录

问题一 什么是大家眼中的微商 …………………………… (1)
    一、微商的概念与特性 ………………………………… (1)
    二、微商的发展历程 …………………………………… (2)
    三、微商的经营模式 …………………………………… (2)

问题二 微商从业者的条件是什么 ………………………… (4)
    一、微商从业者的基本条件——从个人角度分析 ……… (4)
    二、微商从业者的客观条件——从职业与社会
        环境角度分析 ……………………………………… (5)
    三、微商从业者的必要条件——从人际资源角度分析 …… (5)

问题三 新手微商入门需要做好什么准备 ………………… (8)
    一、了解微商店主的各种角色 ………………………… (8)
    二、新手微商的自我剖析 ……………………………… (9)
    三、经营模式的选择 …………………………………… (12)
    四、市场调研与商品定位 ……………………………… (13)

问题四 如何进行货源管理 ………………………………… (23)
    一、找寻合适的产品项目 ……………………………… (23)
    二、保证货源稳定性的要素 …………………………… (41)
    三、进货时把握的原则 ………………………………… (41)

问题五　如何进行商品管理 ……………………………（43）
　　一、微店与朋友圈的商品管理 ……………………（43）
　　二、商品的定价 ……………………………………（54）
　　三、商品的拍摄与包装 ……………………………（59）

问题六　如何进行营销管理 ……………………………（80）
　　一、售前做好各项准备工作 ………………………（80）
　　二、售中把握原则、把握机会售出商品 …………（88）
　　三、售后的注意事项 ……………………………（125）

问题七　如何进行客户管理 …………………………（130）
　　一、与客户沟通的基本原则 ……………………（130）
　　二、针对不同客户的管理方法 …………………（131）
　　三、与顾客相处中的禁忌 ………………………（135）
　　四、如何维系老客户 ……………………………（136）
　　五、如何发展新客户 ……………………………（138）
　　六、客服必备的基本素质 ………………………（141）
　　七、如何面对客户的投诉 ………………………（142）
　　八、如何处理微店的中差评 ……………………（143）

问题八　怎样成为微商中的佼佼者 …………………（145）
　　一、良好的心态 …………………………………（145）
　　二、自信的态度 …………………………………（145）
　　三、诚实守信的品格 ……………………………（145）
　　四、专业的技术 …………………………………（146）
　　五、吃苦耐劳的精神 ……………………………（146）
　　六、充足的准备 …………………………………（146）
　　七、自我总结的能力 ……………………………（146）

参考文献 ………………………………………………（148）

问题一　什么是大家眼中的微商

【导读】 打开朋友圈，是不是发现被无数"产品广告"刷屏了呢？有海外代购，有国内代理，有服装尾单，有各种小吃……没错！这些就是我们眼中的微商，发布着各类产品，每天早上更新励志的语言，晒着各种转账截屏，据说是躺着就可以赚钱的新兴职业！

一、微商的概念与特性

网络上给出的微商定义有很多种，但是不论定义的烦琐还是简单，都基于它基本的字面含义，"微"即微小，"商"则指商人。与大型卖场、门市直营店、实体批发甚至是网络为主的淘宝都有所区别，微商主要指以手机微信为新型平台，完成产品的推广与销售的商家或个人。再简单点说，就是以社交软件为工具，以人为中心，以社交圈子为纽带的新型商业。只要一部智能手机，有产品来源，就随时可以成为微商。

微商是基于微信生态的社会化移动社交电商，可以细分为基于微信公众号的 B2C（网络平台为主）微商和基于微信朋友圈的C2C（消费者间交易模式为主）微商。两者均属于一个微商商业链上的一环，存在区别的同时又存在密切的联系。我们日常接触比较多的是 C2C 微商,因此接下来我们主要讨论的内容都会围绕此种微商模式。

【百姓说说】

不可小视的"微"

越来越多的"微"走进我们的生活,微信、微课、微电影等,虽然小却也是内容丰富,功能强大。

据"网络营销能力秀"提供的《对微信使用频率的调查问卷》结果显示:53.8%的人经常使用微信,43.6%的人偶尔使用微信,只有2.6%的人不使用微信,可见微信已经在很大程度上融入了我们的生活中。

二、微商的发展历程

C2C 形式的微商最早产生于手机微信被广泛应用后的广州、上海地区,主要以朋友圈晒出的自拍照与奢侈品照片等成为圈中关注的焦点,随后看出其中商机的人形成了初期的微商群体,当时的商品也以国外代购的奢侈品为主。在此之后,以面膜为代表的大众消费品迅速占领了朋友圈,将微商发展推至一个新高潮。发展到今天的微商,方式上已经不仅仅局限在代购奢侈品和国外商品,内容上也不仅仅局限在化妆品和服装,可以说形式多样,内容也相当丰富!

三、微商的经营模式

与传统经营模式不同,微商是以移动互联网为主要平台,通过"虚拟"与"现实"的有效结合,建立一个完整的产品定位与宣传、营销、客户管理和售后服务的链条。

　　微商的经营模式一般来讲主要分为自营和分销两种模式。自营模式以个人经营为主，多劳多得，往往多以海外代购、淘宝店的辅销和实体店的辅销等经营形式。分销模式是通过给厂家或高层代理做代理，在朋友圈刷屏或大批量加粉来推广销售产品，常见于一些保健品和食品的销售经营形式。因为通过添加朋友，通过私聊或者在朋友圈进行推广产品就会比陌生人更容易取得信任，也就更有利于产品的售出，这也是微商经营的特别优势所在。

【专家说说】

代理与传销

　　单纯的代理是不同于传销的，发展代理做分销是企业和高层代理常用的一种手段，他们以一个或多个微信号大范围加人，在微信圈中暴力刷屏，或在不同的微信群、社交平台、论坛上铺天盖地地发广告，利用群发功能一键群发、一键推送，从某种角度上来看确实是达到了一定的销售效果，但是也有个别代理在销售过程中出现层层压价，缴纳押金、强制销售等不良情况存在，这就容易走向网络传销的方向。

问题二　微商从业者的条件是什么

【导读】"听说微商是非常时髦的一种职业,在家里拿着一部智能手机,躺着聊聊天就会每个月有万八千的收入。"这些说法让微商这种新兴职业增添了一层又一层的神秘色彩,也套上了一层又一层的光环,大家认为微商就是那种能让人一夜暴富的职业,于是争先恐后要加入微商大军。

一、微商从业者的基本条件——从个人角度分析

微商的确是一种新兴职业,它的工作环境和工具也比较随意和简单。我们每天在朋友圈里看到的也多是微商积极的一面,晒单,收米,入代理稳赚的感觉。于是手一痒,也开始加入微商行列。但实际上,自己适不适合做微商这个问题从来都没有想过。而这个问题却是做一名能赚到钱的微商的基本条件。

如果把这个大问题具体化,就会出现无数个小问题,比如:我有没有时间与精力做微商?我有没有一定的资金可以投入?我对哪类商品特别感兴趣?如果我卖这类商品会不会得到周围朋友的认可?我有没有信心和耐力去做一件事情?如果失败了,商品没有卖出去,我会失望、生气还是怀疑人生?如果成功了,该怎么扩大我的经营范围?等等,这些小问题都是针对个人的分析,

都是支撑你适不适合做微商这个大问题，只有清楚明白地回答了它们才算具备了做微商的基本条件。

二、微商从业者的客观条件——从职业与社会环境角度分析

微商的销售方式有很多，可以按照你的职业、所处社会环境来推广和销售你的产品，销售的产品既可以是有形的，也可以是无形的。举个例子，在很多人的朋友圈里，都会有几个做旅游产品的人，他们当中有专职导游，有旅行社老板，也有"驴友"。导游和旅行社老板职业内容就是旅游产品的销售，所以在朋友圈里做各种旅游产品的宣传，给出各种价位的优势来吸引顾客，销售产品。"驴友"不一定从事旅游行业，大多有自己的工作，只是单纯凭借兴趣，所处社会环境让他拥有共同兴趣爱好的朋友，因此，可以以定期召集出行的形式组织旅游，从中获得中间费用。

也有一类人，因为身边和自己的需求相同或相近的人很多，所以就组建微信群，在群里推荐一些迎合大家需求的商品获得利润，例如天猫优惠券群等。

三、微商从业者的必要条件——从人际资源角度分析

人际资源说得直白点就是人脉，不仅仅是针对微商的宝贵资源，也是当今社会各行各业成功的必备资源，处理好人际关系会使你获益，处理不当则可能使你失去赢得的利益，甚至受到某种伤害。因为微商大部分靠朋友圈来做商品宣传，不同于实体店，也不同于淘宝，没有大量流动的客户资源，即使是微店，也可能

会因为是在成立初期，很难得到陌生人的信任而浏览量不会很大，更多人还是选择从朋友圈中通过一定的了解或者有熟人在中间介绍才会购买商品。因此朋友的推荐与介绍也成为微商推广和销售商品的一个重要途径。一个人的性格与生活圈决定了他的人际资源的多与少，如果人际资源够多，商品宣传的范围也会越广，比同类商品的占领市场速度也会越快，自然收益就会越多。

因为职业性质的不同、性格特点的差异，在从事微商经营上有的人就会具备一定的从业优势，也有的人会表现出明显的劣势。表2-1和表2-2从几个主要方面归纳总结了适合从事微商经营的人群特征和不适合从事微商经营的人群特点。

表2-1　　适合做微商的人群基本特征与从业优势

人群	特点	优势
全职家庭主妇	无专职工作，有相对较多的时间，行动自由	在线时间多，有耐心，收货、发货及时
草根创业者	有创业激情，积极投入工作，时间、资金自由支配	有信心，有动力，肯投入，对学习和研究微商经营有充足的时间，承担风险小，门槛低
个体经营者	有自己的商品或者货源	双管齐下，在原有的传统经营模式下进行经营并拓展到网络、微信，已有管理经验
在职上班族	上网方便，有上进心，不满足现收入	增加收入，合理利用空闲时间，充分利用个人的社会人际资源
在校大学生	上网方便，时间充沛，学习能力强	对网络发展有敏锐性，能积极主动学习新知识，利用课余时间，加强社会实践
个人兴趣	有兴趣，有动力，有热情	肯投入精力，实践力强，结交志同道合的朋友

表 2-2　　　　　　　不适合从事微商的人群及主要特点

人群	特点
工作强度大的上班族	压力大，空闲时间少，精力不够充沛
孩子过小的宝妈	时间少，体力不够，不能适应长时间用眼和过度疲劳
性格孤僻的人	交际圈子窄，不善于和客户进行沟通
缺乏耐心和毅力的人	心态急躁，喜欢抱怨，不能吃苦，学习能力差
急于求成的人	希望短期能赚取大量利润，未达目标容易自暴自弃

问题三　新手微商入门需要做好什么准备

【导读】　有人做微商是经过了深思熟虑，也有的人做微商只是一时兴起。没有充足的准备、十分的把握，盲目的投入只能导致失败的结果。只有"万事俱备，只差发圈"才算是微商之路真正的开始。

与实体店和网店相比，微商朋友圈销售或者微店销售在商品的进出货、宣传和管理等方面都具有一定的优势，不过，对于初涉微商的人来说，了解微商行业的特性，掌握微商入门的基本知识是十分必要的。

一、了解微商店主的各种角色

一个微商店主可谓是身兼数职，尤其是新手微商，大多是单打独斗型地进行创业，一个人既是老板又是员工，既是商品推销员又是快递打包员，集各种角色于一身。

角色一：管理人员。管理员的工作量大，管理内容多，不仅要制定商品的销售方案，思考店铺的经营策略，还要做好商品的宣传推广工作、商品的统计工作。

角色二：销售人员。商品的销售是中心环节，店主的销售任务也是丝毫不能马虎的。应对不同的客户，要有不同的方式，从商品的讲解到价格的商讨都要耐心细致。

角色三：客服人员。商品销售之后还要及时了解客户的反馈情况。如果有客户要求退换货、投诉等还要耐心、认真地解决问题，做到服务到位。

角色四：快递人员。如果客户不在本地就需要邮寄商品，店主需要自己对商品进行包装，还要考虑商品的特性，使用不同的包装材料，怎么样做到让客户觉得服务贴心。如果客户是本地的，还可能要亲自送货上门，做好同城快递的工作。

角色五：库管员。商品的在库数量，进货、出货多少，需要补多少货，都要有所记录、有所统计。所以店主还是一个掌管库房的管理员。

二、新手微商的自我剖析

正如前文所说，很多人做微商之前从来没有想过自己适不适合做微商这个问题。而这个问题却是做一名能赚到钱的微商的基本条件。

其实做一名微商很简单，但是做一名能赚到钱的微商就不容易了。下决心做微商之前，不要急于对要卖什么做了解，而是首先要对自己有一个全面的分析和了解，要对自己多问几个问题，比如：我是哪种性格的人？我是不是善于与人交流？我的人际关系如何？我在工作之外有多少闲余时间？我有多少可支配的资金？我对什么样的产品感兴趣？我日常每月开销最大的商品是什么？等等，这些都是你在下决心加入微商行列前要弄清楚的问题，盲目加入只能惨败告终。

首先，做微商要根据自己的喜好做定位，一定要根据自己的兴趣和能力而选定销售什么商品，如果能和自己从事的工作内容相关会更好,尽量避免涉足不熟悉、不擅长的领域,如果实在没有,也可以根据周围的人群来选定容易推广的产品。例如,做销售化妆品的微商首先得对化妆品感兴趣,平时常常关注各类化妆品的发布、功效、网络上的使用反馈和周围使用人群的评价,掌握哪些化妆品的质量和效果最好,包装设计最时尚化和人性化,了解不同年龄层应该适用哪些化妆品。这样做起销售的时候,对于顾客的提问回答起来才得心应手,让人觉得专业。因此,做微商的最基本条件就是兴趣使然,没有兴趣就不会喜欢,不会坚持,不会用心去做。也有很多这样的人,自己对化妆品不感兴趣,甚至根本不用化妆品,在面对客户的产品咨询时完全无法应对,这就会让你的客户觉得不专业,无法得到客户的信任与肯定,影响产品的销售。

其次,考虑工作时间是否充裕,做微商之前,必须要考虑自己上网是否方便,因为无论是经营,还是与买家的沟通交流,都是一个漫长的过程,没有固定的时间性,而且进货、发货也需要占用一定时间,因此我们需要有足够的时间来完成微商经营。举个例子,一个朝八晚五的上班族,上班时间有很多要忙的工作,公司不允许上网做工作以外其他的事情,而下班又很疲惫,仅有的休息时间还有其他业余活动等,这就不适合做微商,因为工作繁忙,工作强度又大,没有时间订货,也很难及时回复客户的询问,如果勉强选择代销方式,虽然减少了订货、发货的问题,却也很难解决客户咨询和售后及时接受反馈的问题,而且也不能保证新品的发布时间,久而久之就会影响商品的销售,做微商的信心和积极性也会受到影响,成功的概率也就大大降低。

再次,做微商还要有积极乐观的心态,有很多人开始做微商的时候热情高涨,但是经过一段时间的尝试,发现商品没有马上卖出去就开始打退堂鼓了,觉得商品不热门,或者觉得自己不适合做微商。也有人因为商品的销售利润不如预期所想而放弃。其实，不是每个微商都会实现自己预期的目标，也不是每个微商一开始就一帆风顺，有的时候即使个人很努力，还会因为产品的季节性问题出现销售的旺季与淡季，这些都是正常现象，当遇到困难，我们要积极去面对，保证好的心态，不能轻易言败，甚至自暴自弃，怀疑自己。

在创业之初，一个好的开端是非常重要的，而这个开端就是自己在心理上要有充足的准备，心理上准备好的人，往往就会更容易成功，不要担心别人知道你是新手，要有足够的信心。有很多人刚做微商的时候特别谨慎，与客户的沟通也变得小心翼翼，难免会让人觉得啰唆和不自信，也就有可能会质疑他的产品而最终不能成交。其实，新手也可以利用自己的独特优势，比如对待客户时，谦虚的语言和耐心的讲解都会让客户觉得贴心和舒服，也会促成交易的达成。一旦在交易后出现问题，也要端正心态，不要找借口推卸责任，要勇于担当，积极地解决问题，这样才能消除误会，取得信任，树立形象。

最后，想要成功还需要不懈的努力，最初进入微商行列肯定对整个流程的操作做不到游刃有余，担心自己发到微信圈里的帖子没人看，担心自己的微店没有特色无人光顾，担心自己的货物定价过高或过低等，其实这都是正常现象，只要我们静下心来，多看看别的商家是怎么做的，多找精华帖子分析精华所在，遇到好的帖子还可以收藏起来，慢慢斟酌，也可以和身边有经验的微商多多交流，学习别人的经验，做好每一笔生意，走好每一步路，勤学苦干，坚持到底就一定会成功。

当然，我们还要有感恩的心，对在我们创业的过程中给予过帮助的人，还有支持我们的买家和帮助我们推广产品的朋友，只要是受之恩惠的人都要感谢，怀着感恩之心努力把我们的微商事业做得更好。

三、经营模式的选择

其实微商的经营模式有很多种,我们在这里主要讨论代理模式(分销模式)、个人经营模式(自营模式)、与实体店或淘宝店合作创新模式、微商服务模式等。其中,我们主要介绍最常见的两种模式——代理模式和个人经营模式。

(一)代理模式

代理模式从字面上就可以理解它的含义,找到现成的厂家或者经销商,拿到商品,再销售到你周围的客户群中。常以在朋友圈刷屏或大批量加粉来推广销售产品的销售经营形式。如保健品和食品等。这种模式的优点在于不操心,只要提前做好对商品销售情况的了解以及对厂家或上级经销商的信誉度、可信度的调查就可以加入做代理了。缺点是可能需要投入一定资金,比如代理费、加盟费,或者需要购买一定数量的产品才能拿到折扣等。

(二)个人经营模式

个人经营模式是以个体为单位,自由选择商品来推广与销售,多以海外代购、实体店的辅销等经营形式出现。这种模式的优点在于商品种类没有局限性,可以是单一某类产品,也可以是相关联的几种产品,还可以是毫不相干的多类产品,资金上由于是自己进货也不会被要求投入太多,也可以随时撤出,更换销售内容,多劳多得,有一定的灵活性。缺点是因为不是团队作战,可能一切都要靠自己摸索,在销售过程中难免会遇到各种问题,需要独自面对和解决。而且,自己从找寻货源和斟酌产品到包装售后都需要独立完成，相对费时费力。

需要指出的是无论是代理模式还是个人经营模式，都需要全力以赴，尽心尽力去做，独立完成大部分销售环节，完全依靠上级代理或他人，自己不加以宣传是不会有好的销售业绩的。

四、市场调研与商品定位

市场调研是做微商销售的必要条件，是商品的选择与定位的基础，是估测一个商品的销售前景最直观的方法。

如果是在做微商之前有做实体店铺经历的卖家，或者经营过网店的卖家，会在经营和货源上有一定的经验，相对来讲做起微商经营就会上手很快，但是对于新手卖家来讲，就必须是在对市场和商品有一定了解的情况下再选择销售。

市场调研并不单单是做商品在社会供求中的调查和判定，也要做对需求者的全方位了解和分析。只有了解了你选定的商品在市场上供求的基本情况，了解该类商品的消费者的基本消费观、消费态度、消费动机等之后，才能对自己选择的商品进行客观的评价，对销售该商品是否能获得预期利润做出更准确的判断。

而商品的定位则是结合市场的情况和微商的个人实际情况来综合评定究竟是要推广和销售哪类商品。商品的定位与市场调研二者相互关联，相辅相成。这里我们主要从以下几个方面探讨如何通过动态市场调研来定位商品：

（一）了解市场中的热门商品

随着时代的发展，生活条件的改善，人们对物质的需求变得更加多样，不仅仅局限于吃穿住用行，还有各种精神层面的需求；也不仅仅满足于基本的生活必需品，更追求具有新意、人性化的产品。市场上的商品五花八门，种类繁多，热门的商品也不可能是一种或几种，而是很多种。不一定是生活必需品，只要有消费人群，并且被消费人群所偏爱和热衷的商品或服务都可以称之为热门商品。这些商品或因稀少而供不应求，或因独具特色而受到喜爱，再或者是当下的时尚名品而大受追捧，总之，都是有固定的消费人群，且对于这些消费人群来说是不能轻易被替代的商品，有时甚至可以不惜付出更多的费用来获得的商品。

当然，针对不同的年龄层、消费层来说，热门商品也是不同的，所以我们在搜索热门商品时也要先做好计划，是针对哪个消费群体，针对哪个年龄层次来选择热门商品。举个例子，保健品和保养品类商品相对于年轻人来说，更适合于中老年人，同时，它相对于月薪3000元以内的工薪阶层来说吸引力也绝对比不上性价比高的日用品。化妆品、服装类的主要消费群体都是女性，但是化妆品也好，服装也好，我们还可以再按照年龄层的不同需求再详细分类，比如韩国的"悦诗风吟""爱丽小屋"更适合20岁左右的年轻女性，而"雪花秀"和"后"更适合30岁以上的女性。一个20岁不到的普通家庭的女学生不会买美国直邮的TB托特包，一个50岁的职业女性也不会随便背一个卡通双肩包上班等。

（二）"五位一体"地搜索热门商品

热门商品不是随便想想就能知道和确定的，一定要去搜索，而这种搜索也不是单纯地找到"度娘"敲进去"热门商品"四个大字就会明白清楚地展现于眼前的，这时候我们要用"五位一体"的方法，全面、迅速、有效地搜索信息。

所谓"五位一体"就是指眼睛看，耳朵听，嘴巴问，脑袋想，手来动，这五样要完美地配合起来，发挥各自作用来达到最终的搜索和确定的目的。详细来说，"眼睛看"就是要多观察，看看社会上流行什么,市场上销售什么,比如几年前微商刚刚兴起的时候,大家都一窝蜂地在圈子里卖面膜,而且那个时候面膜也确实很好卖,很多人都赚到了钱,我们可以说当时的面膜很热销,就是热门商品。"耳朵听"是指要多听别人怎么说,当你没有那么多时间去关注市场上的商品,又或者对经济数据完全不感冒的话,你就需要多听,听各种专家(当然是真的专家)做的推送,听朋友和同事的评价,这些都是最直接获得信息的捷径。"嘴巴问"是告诉你一定要多张嘴,多询问,尤其是对自己感兴趣的商品,可以问生产者,可以问经销者,也可以问使用者,不要吝惜语言,也许就在询问中找到你要的答案。"脑袋想"这一步是最关键的,所有得到的信息都要在你的大脑里进行整合、分析,最后得出结果,不经过思考加工的答案多半是错误的答案。"手来动"是最后的实践环节,到强大的网络上去寻到相关线索,制订初步的方案,甚至也可做简单的销售尝试。

笔者随机选择了 30 名不同年龄层的人平均分成 3 组,针对 9 类商品的关注度和需求度进行了问卷调查,结果如图 3-1 至图 3-3 所示。

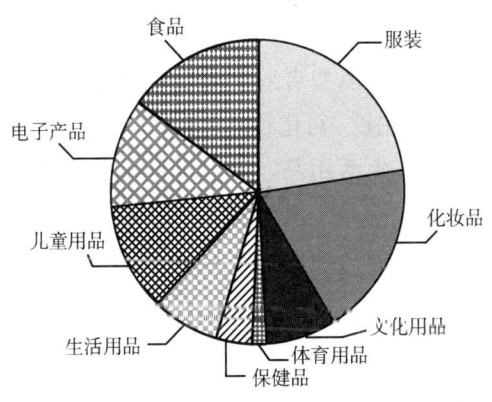

图 3-1　20~35 岁消费者对 9 类商品的需求比例

图 3－1 是根据 20～35 岁年龄段参与者的回答得出的结果。可以看出，这个年龄段的消费者对服装、化妆品和食品的关注度比较大，因为比较年轻，因此把对个人形象的追求放在了首位；对儿童用品、电子产品和生活用品的关注度居中，因为这个阶段的消费者如果有孩子的话，孩子年龄普遍不会太大，所以对儿童用品也会比较关注，而体育用品、文化用品和保健品所占比例相对较少。

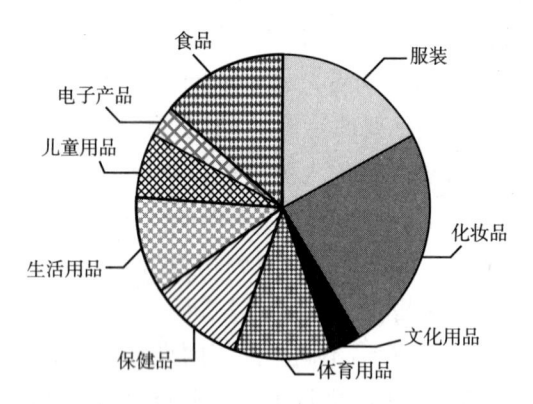

图 3－2　35～50 岁消费者对 9 类商品的需求比例

图 3－2 是根据 35～50 岁年龄段参与者的回答得出的结果。可以看出，这个年龄段的消费者对服装、化妆品的关注度仍然比较大，但是同图 3－1 相比，对化妆品的需求明显高于对服装的需求，同时，对体育用品和生活用品、保健品的需求都有所增加。因为这个年龄段的参与者已经步入了中年，皮肤状态开始下滑，身体容易出现亚健康，所以开始重视皮肤的保养、运动和保健。而对于文化用品、电子产品相对需求不大。

图 3－3 是根据 50～65 岁年龄段参与者的回答得出的结果。可以看出这个调查结果图与之前两个截然不同，这个年龄段的人已经进入老年阶段，对文化用品、电子产品的需求相当少；对服装、

化妆品类的商品同比其他两个年龄段的消费者也是比较少的；而对保健品的需求排在了第一位，所占比重也很大，因为这个年龄段的人几乎都比较重视保养和保健，而对其他的需求因人而异多少会有些差距，不像对保健品的需求这么一致。

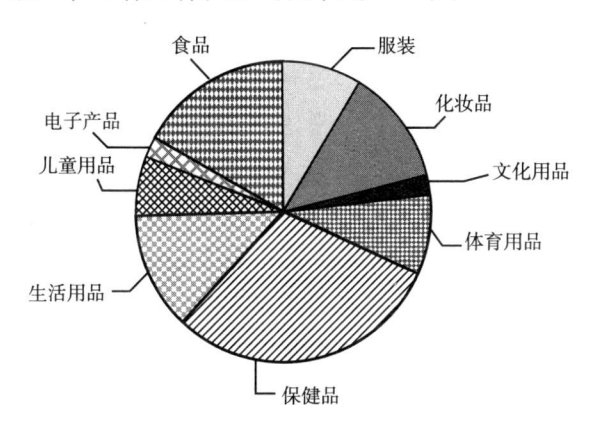

图3-3　50~65岁消费者对9类商品的需求比例

根据图3-1、图3-2和图3-3可以看出来，每个年龄层的人对商品的需求程度都不一样，因此，热门商品的定义应该因人而异，我们的顾客是哪个年龄层，我们就应该按照他们的需求来定义商品，这样才会保证销售顺利进行。

当然，以上谈到的都是观察现有的市场，搜索现有商品，根据年龄层判定商品的热度与需求，大家也可以通过其他渠道来探索商机，发掘新商品，说不定那就是下一个热门商品。

（三）结合个人实际选择热门商品

新手卖家，如果经营初期不确定自己的商品销售方向，可以在商品定位上有一定的针对性，可以考虑选择市场上的热销商品进行销售。以淘宝网为例，近年来，网上热销的产品多以女性和儿童用品为主，如化妆品、服装、童装、儿童书籍和玩具等。如果你刚好对这些产品中的某种或某几种感兴趣，可以逐一做好分析对比，最后选定自己要经营的商品，建议从一种做起，这样有利于迅速适应微商模式，同时也便于管理。

　　选定商品之后还要对该类商品进行市场前景的分析。这里假设我们选定了化妆品作为我们感兴趣的和准备经营的商品来对市场加以分析。第一步，我们要考虑它成为热销商品的背景，因为随着人们物质水平的提高，更多人开始追求精神层面的满足，而爱美是每个女人的天性，随着化妆品种类的增多，国外化妆品的进入，很快就使化妆品类的商品成为实体店和网店上热销的商品。第二步，我们要考虑化妆品本身的产品特点，因为化妆品属于易耗品，是大家每天都要使用的商品，自然有巨大的需求量，但是我们还要考虑它不足的地方，比如说保质期，如果货品积压时间久就容易因为过了使用期限而被扔掉造成资金损失，而且部分化妆品也会受到季节性影响，如护手霜，在寒冷干燥的冬天是必备品，到了夏天，销量就不那么乐观了。物流也是一个不可忽视的问题，因为有的化妆品包装用的是玻璃瓶，这就要求在运输中格外小心，尤其是在冬季，从南方运到北方的时候，部分玻璃瓶装化妆品容易出现漏液和破裂的问题，需要承担相应的风险。最后，我们要分析化妆品的销售前景，作为易耗品和拥有大量女性客户群体都是化妆品销售的优点，只要在商品选择上，多选择一些像洗面奶、水乳等基础类的化妆品就不用太担心卖不出去，而一些像眼影、彩妆等需求较少的种类由于有颜色、品牌和使用的局限性，在选择上需要谨慎。

【小贴士】
　　微信营销有产品限制吗？号称一切都可以卖的朋友圈，其实是有一定的产品限制的，比如快递的配送无法达到十全十美的冷链服务。有个真实的例子，在广州生活的人看到住在东北的朋友在朋友圈里拼团买椰子冻，也想订购两个从东北邮过来，可是因为椰子冻本身需要冷藏，保质期又非常短，在东北成功拼团之后再发到广州，收到的不是新鲜美味的椰子冻而是已经变质的椰子水了。

(四) 利用特殊条件定位商品

1. 地理位置。在商品的选择上，我们除了关注热门商品，还可以根据其他特殊条件来选择要销售的商品，比如地理位置条件。根据自己所在的区域特点，选择一些具有地方特色的宝贝来出售。比如，在中国北方的大兴安岭盛产人参、蜂蜜、鹿茸等产品，辽宁丹东地区因为沿海就会有黄蚬子、飞蟹等各种很丰富的海产品，来自新疆的红枣味道最好，宁夏出产的枸杞销售遍布全国各地。如果你所生活的区域正好也有类似这样的地域特产，就可以选择这样的产品来销售。

2. 民族特色。如果你是少数民族，或者生活的环境正好是少数民族聚居地，身边就可能会有很多具有地方特色和民族特点的工艺品，这类产品具有工业化工品无法比拟的特性和优点（见表3-1），具有鲜明的地方特色、浓郁的文化底蕴和独特的人文风情，这些特色展现出的个性和奇特，能够一下抓住消费者的眼球，迎合一定消费者的心理，受到大家的喜爱。经常会有人喜欢购买这类商品来装饰房间，或买来民族特色的首饰佩戴等。但是，这些产品一般或受制于制作工艺，或受制于地理条件，很难大量复制和大规模工业化生产，跨地域购买也比较困难，而通过微信销售就可以有效地弥补这一点。

表 3-1　　　　　　　　民族特色工艺品的特点

特点	具体分析
奇特与个性	奇特与个性都是这个时代越来越受人们所追捧的主题,很多人喜欢与众不同,喜欢标榜个性,标新立异。这就使民族特色工艺品具有特定的消费人群,拥有它的需求市场
丰富的文化底蕴	文化底蕴不仅带给消费者知识,还反映了消费者的品位,这是其他产品所不可模仿和替代的
富含淳朴气息	民族工艺品承载着淳朴,它让人们远离大都市的纷扰和喧嚣,回归自然的朴实,让消费者感受到少数民族独有的自然气息
展现民族特色和地域特色	民族工艺品体现了民族的内涵,而且有很强的地域性,根据每个民族不同的语言、习俗、服饰和生活习惯的不同而展示给我们不同的一面

（五）把握消费者心理来定义商品

市场调研不仅仅局限于考察市场上的商品,还要关注和把握消费者的心理。不了解消费者的想法和需求,就很难准确地定位市场和定位商品,投入再多的资金也不能达到理想的盈利。因此,作为商家,一定要把顾客的需求作为自己发展的行动指南,把对顾客心理的把握当做指引自己行动的目标。通过对顾客直接提问、倾听顾客的想法与要求、侧面观察顾客的言行等方法及时准确地掌握顾客的心理变化,满足顾客的最终需求。

（六）商品定位的几点建议

1. 大型不如小型。大型项目需要投入大量的资金,一旦运行起来,对技术的专业性要求强,经营管理的难度也比较大,后期想转型也很难抽离。所以新手微商建议从小做起,投资少,见效快，没有太多的技术难度要求，经营方式也很灵活，一旦想转型也不会有太大的损失。

2. 重工业不如轻工业。重工业是国民经济发展的基石，轻工业却是发展的龙头。重工业投资周期长、回收慢，一般不是民间资本角逐的领域，而是国有企业的天下。而轻工业则不然，大多是消费品，风险小、投资强度和难度小，容易在短期内见效，因此特别适合民间资本。

3. 男性产品不如女性产品。据说社会购买力的70%都掌握在女性手里，女性不但执掌着大部分中国家庭的"财政大权"，而且相当部分商品是由女性直接消费的。从生活用品到个人用品，覆盖面积非常大，而且，女性对商品的消耗频率也是比男人高很多，如服装、鞋帽、化妆品等，更新速度和消耗速度都是十分惊人的。新手微商如果想定位女性商品，可选择的种类绝对多于定位男性商品，商品的周期也要快得多。

4. 大人用品不如孩子用品。现在越来越多的家长重视孩子的教育和发展，无论吃的还是用的都力求做到全面、做到最好。这就让儿童消费品有了很大的销售市场，从孩子一出生吃的奶粉、成长所需的维生素到各式各样的玩具，从一年四季的服装鞋帽到各种表演、派对用的特殊礼服，从课本辅导书到各种课外书籍，种类齐全，五花八门。因此，孩子用品的市场前景是非常好的，也许有很多家长不舍得在自己的用品上花钱，但绝对舍得在自己孩子的用品上投资。

5. 综合不如专业。市场经济是综合化发展的，不过这更多的是一种宏观的态势和整体格局，微观领域往往要靠专业化取胜。作为微商，就是要利用"微"的特点，把商品做到更具体、更专业。不要像百货商场什么都有，毕竟是微店，商品种类太多太杂就很容易让消费者怀疑你的专业性。

6. 大众商品不如小众商品。大众商品虽然消费者多，但是商家也不少，不仅是微店，还有实体店，每个店里的商品大同小异，价格甚至也不差上下，这就会让很多微商在销售中失去竞争优势。如果选择小众商品，虽然消费者数量上不多，但是由于商品的特殊性，消费者的类型就会固定，并且很有可能成为长期消费者，同时如果加大宣传，消费者的数量也会增加，这些增加的消费者的流动性绝对不会比消费大众商品的消费者流动性大。

问题四　如何进行货源管理

【导读】 和五花八门的商品一样，商品的来源也是多种多样的。有来自实体商店的，也有来自网络的；有来自大江南北的，也有来自异国他乡的。不管选择哪里的货源，一定要坚持可靠、稳定、高质量、低成本的原则，这样才会让商品有好的销量。

一、找寻合适的产品项目

微商经营的必要条件是货源，有商品才能销售，不然只能卖空气，在形形色色的商品中，我们可以通过以下几种渠道来找寻真正适合自己销售的产品项目。

（一）尝试实体市场中寻找货源

1. 实体店铺的货源。实体市场包括正常经营的店铺，也有大大小小的批发市场，如果选择正常经营的店铺，那么就要求这个店铺中的商品具有一定特色，或是有一定的客户群，需求量比较高，比如，特色食品类、手工类等。如果有能力，也可以通过一段时间相关技术的学习，自己独立加工制作。现在有许多的水果经营商都在微信朋友圈里发布各种水果拼盘，虽然价格相对我们平时买的水果单价要高，但是因为果盘里水果种类多，已经对果皮果核进行过加工处理,摆盘精美,为很多忙碌的上班族节省了时间,也为很多聚餐集会提供了方便,所以受到很多人的喜爱,销量可观。由于水果这种商品有一定的特殊性,尤其是加工处理过的,不宜邮寄,只适合本地客户消费,所以不需要建立微店,在微信里每天定时发朋友圈就可以维系客户,保证销量。还有许多的蛋糕店也是类似的经营方式,靠口味和样式吸引顾客,但更多的是因为主张零添加的健康材料获得顾客的青睐,在微信朋友圈里也是很成功的销售例子。

2. 批发市场的货源。大部分人在开始从事微商行业时还是会选择到大型批发市场进货,批发市场对于新手卖家的确是不错的选择,如浙江义乌小商品批发市场分布在全国大部分城市中,因为实物可以看得见,质量相对有所保证,价格又会比其他专卖店和商场便宜很多,所以很容易成为散户的产品供应站。如果你刚好生活在大城市,那么大型批发市场绝对不止一个,既可以对比价格和质量,又可以保证你的货源供应,可谓是一举两得。

大型批发市场有自己的特点,一是商品种类多、品种全、挑选余地大且容易"货比三家"。批发市场销售的商品一般都是综合性的,销售范围包括服装、化妆品、食品、厨房用品、家居用品、食品等等,基本上覆盖了人们日常生活涉及的所有商品。二是适合兼职卖家,在批发市场进货时间和进货量都比较自由。三是价格相对比较低,对于微商来说容易实现薄利多销。需要注意的是,一般批发市场营业时间很早,因此对量小的新买家而言,为了能够以适宜的价格购买到合适的产品,最好在凌晨3~4点就去市场选货,因为这时批发商一般给出的价格都是批发价,而过了这个时间,商品的批发价格都会比较高甚至会达到零售价格。当然,现在也有的批发市场对此做出了改动,例如沈阳的五爱市场,按照楼层来区分批发和零售,这样方便了许多到市场进货的卖家。

【百姓说说】

　　批货时口气和神情也很重要，说话时候要有底气，不要因为刚做微商不好意思，讲话畏畏缩缩，经常会使用礼貌用语，比如，"请问这件衣服多少钱？""想问一下退换货可以吗？"这些非常客气的语言虽然是我们平日里主张的，但是在批货的时候过多使用，反而让人觉得生硬和不自然，精明的批发商一眼就能看出来你是新手，给你的价格就有可能不会是最低的批发价。新手卖家平时也要多和同行批发商交流来熟悉行情，也有利于拿到较低的批发价格。

　　确定货源后，也可以先在朋友圈里打打广告试卖一下，如果很快被大家接受，达到自己预期的销售目标就可以增加进货量。还有很多卖家和批发商确定了合作关系后，在非常熟悉和信任的基础上，也会将商品卖出后才去进货，这样既不会占用资金，又不会造成商品的积压。

　　(二) 直接联系厂家获取一手货源

　　如果能够从厂家直接拿到一手货源，省去中间层层代理环节，就可以拿到理想的价格，获得较大的利润空间。正规的厂家货源充足，信用度高，也能保证商品质量，如果是长期合作，都能争取到较低的进货价格。但是需要注意的是，一般厂家一手货源要求起批量比较大，不适合小批发客户，如外贸服装厂一般都要求批发量在近百件或上千件，达不到要求是很难争取到厂家合作的。如果有一定的资金储备，又有可以帮助自己分销的渠道，就会降低压货的风险，可以选择此种方式获取产品。或者是选择在线下不算热销的商品，会相对容易从源头进货。新手微商如果完全靠自己摸索可能费时长，容易走弯路，前期投入太大等，所以如果有熟悉的实体店铺或者有分销渠道的朋友，也可以借助他们的力量直接联系厂家。

1. 对厂家实力的甄别。从厂家进货也不能盲目，确认合作厂家之前还要先辨别厂家的实力，摸清底细再下单。如果能直接到工厂进行实地考察固然会更直接、更清楚，但由于很多进货厂家路途遥远，不方便直接到工厂，也可以选择以下几种常见辨别方法：

（1）电话验证。通过114或电话黄页进行查询，核对对方的电话是否属实。一般正规厂家都很重视业务电话，都希望客户一查就能得知自己的电话号码，所以，往往都会把电话号码予以登记。除了查核电话号码登记外，还可以通过在不同时段给他们打电话来验证厂家是否正规。

（2）证件查询。可以要求对方提供《工商营业执照》《税务登记证》等复印件。如果对方以担心被非法利用为理由而拒绝这个要求，那么你就可以干脆打电话到相关部门去查询。因为正规的工厂都必须正式登记在册，而从税务登记证上就可以看出对方是一般纳税人还是小规模纳税人或者根本未进行税务登记。

（3）价格辨别。可以通过分析对方的定价模式来辨别其是否正规。正规的公司都有稳定的价格体系，而且通常是不会允许新顾客随意讨价还价的。由于公司内部的规章制度比较健全，除了决策层外，任何员工都无权私下更改定价模式。因此，你可以多次让他们对同一产品进行报价，以此来分析他们的定价模式，看他们的价格体系是否稳定与完善。

（4）规模辨别。辨别企业实力的要点就在于区别其生产经营规模的大小，评定世界财富500强时，其年销售额就是重要的指标之一。生产规模大、经营时间长、综合实力强的正规企业，往往生产的产品品种多、款式全、生产经验丰富。

2. 对外贸尾单的挑选。现在还有很多微商直接联系工厂，获取外贸尾单,外贸尾单货就是正式外贸订单的多余货品。一般在工厂下订单时,工厂会按照5%~10%的比例多生产一些,这样做是为了防止在实际生产过程中有次品,就可以拿到多生产的数量来替补,这些多出来的货品就是我们常说的外贸尾单。这些外贸尾单通常价格十分低廉,是市场价格的1~3折,品质做工有保证,性价比高,通常商家所销售的几十元钱的产品出口后都可以卖到几百元或是更高的价格,但是产品的尺码和颜色不全,不能像内销厂家的货品那样齐码齐色,而且一般要求进货者全部购买才会拿到折扣,所以也要求有一定的资金实力,并且承担一定的压货风险,当然,也有些尾单是因为加工过程中有或多或少小的瑕疵而被剩下来,这就要求进货商在进货前和厂家及时沟通,验货时候要仔细,避免造成误会和损失。

也有些小作坊,打着外贸尾单的幌子,而实际上根本不是真正的外贸商品,产品的质量也和真正的外贸商品差很多,这就要求我们在挑选外贸尾单的时候擦亮眼睛,在鱼龙混杂的外贸市场里,准确地判断出真假,避免损失。下面介绍几点经验供参考。

(1)看价格。大多数外贸企业不擅长做内贸,一旦产生了尾单货,一般都会选择低价脱手。

(2)看质量。真正的外贸尾单货质量和正品一样,这就需要有相当的经验才能辨别,或者手上有正品可以进行比较。

(3)看包装。真正的外贸尾单货的外包装都是比较简单的,那些包装精美,所有配件都全的商品就值得怀疑了。

(4)看商标。一般尾单货的商标都是最后才贴上去的,还有的根本没有商标,但这并不代表商品质量有问题,而恰恰说明了真货的严谨性。越是替知名品牌加工产品的厂家,它的尾单货就越是不可能有商标,因为越是知名的品牌对商品的控制越是严格,包括包装袋也是一样。

（5）看尺码。一般来说，尾单货特别是服装类的尾单货，有断码现象是非常正常的，尺码或颜色都几乎不可能是齐全的。

（6）看瑕疵。有些外贸尾单货是有瑕疵的，不过瑕疵不会太明显，有的也很难被看出来。

3. 对库存商品的判断。除了拿到外贸尾单，我们还可以考虑内销的工厂积压库存商品。有的商品一旦库存积压多，就很难通过原有的实体店铺把库存全部销售出去。很多时候，工厂或商家都在找寻一些通过互联网来销售产品的卖家，把这些积压的库存低价卖给他们，这些积压的库存也许在某一地区销售出现饱和，但是由于网络覆盖面广的特性，完全可以使其在其他地域成为畅销品。如果你能经常从厂家拿到积压的品牌服饰等货物，拿到微店或朋友圈推广销售，一定能获得丰厚的利润，这也是因为这些积压库存有其自身优势，如价格低廉是最大的优势。由于工厂处理库存几乎是被动处理，价格方面自然比较好谈，但这也取决于个人的谈判能力，谈判能力强的人自然可以把价格压到最低，说服厂家拿到货物，为自己省下不少钱。另外，人缘比较好的人，能调动场面气氛，说话很容易让人接受，在砍价方面自然高人一等。若是中间有熟人搭桥引荐也不失为拿到低价的一个好办法。商品种类多也是优势之一。无论企业属于哪一行业，如果要生存下去，就必须以市场为向导，生产出市场需要的商品。而市场的需求正朝着多元化发展，因此，企业就要不断研发新的商品，来适应市场的需求。这样日积月累，企业库存的商品品种必然越积越多。

在寻找积压库存商品的过程中也要注意一些问题：

（1）这些商品是否符合消费者的品位，这需要我们从各个渠道详细了解当前大众消费者的品位是什么，看他们是重实用还是重感观，重内涵还是重外形，重本土还是重国外品牌，尤其是周围的朋友,每天都是他们光顾你的朋友圈和微店,他们就是你的顾客或者有可能成为你的顾客,他们的品位与你选购的商品是否具有一致性非常重要。

(2)要了解市场动态和预测市场需求,这要求我们要随时并广泛地关注市场动态并进行分析,从而推测出市场对该商品的需求能力和发展趋势。

(3)要考虑消费者需求的不确定性,因为现在社会消费者的需求不再单一、稳定,是有很大的不确定性的。也许这些商品只是短期满足消费者的需求,或者仅仅是一次性销售,这就很有可能造成大量商品的再次积压。让库存压力从工厂转移到自己的身上,还有可能因为销售不出去导致自己生意一蹶不振。所以尤其是新手微商,不建议一次性购买大量库存商品,尽量避免囤货风险,而是要让自己的商品多样化一些,便于消费者选择和迅速拓展消费人群。

4. 新式销售形式。从厂家进货的微商也不都选择通过批量拿货在微店或朋友圈发布产品进行销售的传统销售形式,还有很多仅仅是借助微信这个平台建立厂家与客户的中转站,实现一站式销售的新式销售形式。例如,通过建立微信群,每天选取部分厂家货源在群里进行拼团或者包邮销售,一旦拼成或有人购买就直接联系厂家,由厂家直接发货,自己获取中间差价利润。这种形式的优点在于无资金投入,不用承担压货风险,省去进货、发货的环节,缺点在于仅仅靠厂家给出的图片和文字说明来挑选商品时,不能对商品有全面的了解,很可能造成实物与图片不符,达不到顾客的要求而被要求退货。而且这种销售形式的厂家往往规模不会太大,甚至有许多南方的小加工点也参与其中,质量不能完全保证。由于拼单或零售数量有限,拿货价格也不如在工厂成批批货价格低。尽管如此,这种新型的销售形式由于优点的存在

· 29 ·

还是会得到很多卖家的认可，而且消费者的消费观不同，对商品的满意度也存在差异，这类商品也会有一定的销售市场。也有人把这种形式看作是网络代销。

(三) 关注清仓商品

在很多情况下，商家因换季、迁址等原因需要对商品进行清仓处理，因为这时他们已经收回了成本或是已经达到预期销售目标，剩下的能卖多少算多少，已经不在计划之内了，只希望尽快处理掉这些商品而转战新产品。这时被清仓处理的商品就通常会以很低的价格被销售，此时如果买入这些商品并推广到你的朋友圈或者在你的微店上架，利用地域或时间差就可以获得丰富的利润。所以，经常到市场上转一转也是很有必要的，随时关注市场变化，低价买入，快速卖出，但对日用品类、高科技产品类或者有效期短的、不宜保存的商品，即使价格划算也不要进货太多。

1. 换季清仓品。每到换季时，大大小小的商场、店家都会各显身手，名目繁多的优惠活动也层出不穷，花花绿绿的宣传横幅到处悬挂，直接冲击过往行人的眼球。这时是微商进货不可错过的好时机，但也不要盲目进货，要注意商品是否有严重瑕疵，如果有小的瑕疵会不会影响销售；特殊商品的有效期和保质期也要格外注意，快到保质期的商品如果不能确保在保质期内销售完就必然会造成损失；最后还要看看商品是否要囤到第二年才能进行销售，例如服装，由于有很强的季节性，人们往往会提前购买下一季节的服装或应季时候购买当季服装，对于已经过季的服装，除非样式特别合心意，同时价格也相对满意才会购买。因此，对于当年的特别流行款就要格外注意，考虑到第二年很有可能不再流行，就不要进货。反而是那些大众款式，年年都可以拿出来销售的服装，在价格合适的前提下可以购入。

2. 节后清仓品。商家一般喜欢借助春节、情人节、劳动节、端午节、儿童节、中秋节、教师节、国庆节、圣诞节等节日，打出清仓或超低价销售的口号，形成轰轰烈烈的节日消费高潮。在节日前购进大量的应季商品，随着节日消费高潮的过去，就会成为节后清仓的主要货品，而这些商品，作为微商的我们也可以有选择地购进一部分，但是要注意商品的生命力。凡是节日商品，必然是有其生命周期的，有的商品在节日过后就很少有人购买了，比如情人节的玫瑰、中秋的月饼、圣诞节的松树等。

3. 拆迁清仓品。有些店铺由于拆迁也会进行清仓或促销，这时候也能拿到价格划算的商品，但也要考察店铺拆迁的真实性。如果拆迁消息可靠，商家一定急需清货，但如果消息是假的，只是商家的一个促销手段，那么商品的清仓活动价也就不再具有真实性，盲目进来的货物在你的微商圈子里就不会具有竞争优势了。即使拆迁是真实的，在挑选货物的时候也要谨慎，因为商家急于清货，时间紧迫，不计较价格的同时很可能也保证不了商品的质量。因此，我们在进货的时候也要细心检查，快中求稳。

4. 转让清仓品。实体店铺转让时所抛售的都是之前正常经营剩余的商品，品质相对比较可靠，价格也会便宜很多，完全可以放到微店或朋友圈里出售。但一般实体店商品种类和数量繁多，如果将整个店铺的商品全都包揽下来，需要较大的投资，对于小本经营的微商，尤其是新手微商来说，风险实在太大。此时可以选择某些合适的品种与商家洽谈买断事宜，商家一向非常注重大批量的购买行为，所以价格也可以压得很低。和拆迁清仓品一样，有些商家也会利用假转让在商品的品质上大做文章。因为商家既然假转让，商品的价格方面一定要有很大的吸引力才行，在低价的基础上，想保持利润，只有牺牲商品品质了。于是，假冒伪劣商品或残次品就自然充斥其间。其中最直接表现就是"转让清仓"

的标语长年累月地挂在店外，或者"最后三天"的标语一挂就是几个月。微商们要想淘到好的货源，还是不要到这种店里去比较好。

【专家说说】

有些换季清仓商品，其实并没有真的降价销售，而是商家的"数字游戏"，就是把牌子上标示的原价格提高，再进行低折扣销售，目的是混淆你的视听，让你觉得确实是亏本大甩卖，其实原价并非真正的价格，折扣价格也并非是商家的价格底线，还是有周旋的余地的。

(四) 网上获取货源

阿里巴巴是目前最大的网上货源批发基地，包含很多产品种类，价格也比较低，用户可以轻易地通过此网站来获取想要的产品，如图4-1所示，在手机上百度搜索阿里巴巴，就会出现相关批发网站，里面有详细的商品分类，如图4-2和图4-3所示。还有特色市场，如图4-4所示，只要注册成为用户就可以进一步操作下单。里面也有"生意经"提供许多精华帖和问题帖，如图4-5所示，帮你获得销售经验。

除了阿里巴巴这样的网络贸易批发平台之外，以淘宝为首的非批发形式的网购也是获得网络货源的一个渠道。无论是淘宝、天猫、当当、京东还是聚美优品都有着成千上万的商品供大家选择，进货不用东奔西跑、风吹日晒或者看人脸色，只要是淘到性价比高的商品、特色的个性商品，都可以拿到你的微信平台上进行再销售，只不过，由于不是批发平台上购入的商品，在价格上没有太大的优势，因此在销售过程中多凭借商品的质量、卖家的信誉、商品的独特性而吸引买家，销售获取的利润也相对不会太大。

问题四　如何进行货源管理

图 4-1　阿里巴巴首页

图 4-2　商品分类

图 4-3　商品分类目录

图4-4 特色市场　　　　图4-5 精华帖

批发平台也好，普通网购也罢，在网络上展示的商品很少以实物照片出现，基本都是靠转用正品的宣传图片和文字介绍吸引买家，而真正的商品实物则大多是仿制品。如果仿制的质量和外观基本类似正品，就是我们所说的高仿品；如果仿制的质量和外观与正品差距很大则被称为仿品或假货。在这种情况下，微商们从这些渠道选择商品在微信里再销售，就要承担不被客户接受的风险。如果是服装或日用品，最多可能要接受退货或差评而影响信誉，如果是化妆品或保健品还有可能对客户造成伤害而承担赔偿甚至法律责任。

总而言之，网络进货有明显的优势，也有不可忽视的问题，大致可以总结如下：

1. 网络进货的优势。尽管网上批发是近几年开始兴起的新事物，发展还不成熟，但网络进货相比传统渠道进货的优势还是很明显的。

（1）成本优势。可以省去亲自去批发市场的时间成本、交通成本、住宿费、物流费等费用。

（2）选购的紧迫性减少。亲自去批发市场选购由于受时间地点的限制，不可能长时间慢慢挑选，有些商品也许并未相中但迫于进货压力不得不赶快选购，而在网上进货则可以慢慢挑选。

（3）批发数量限制优势。一般的网上批发基本都是 10 件起批，有的甚至 1 件就可以起批，这在一定程度上增大了选择余地，比较适合新手微商。

（4）其他优势。网络进货还能减少库存压力，具有批发价格透明、款式更新快等优点。

2. 网络批发不可忽视的几点内容。网络进货不比批发市场进货，因为网络毕竟存在一定的虚拟性，所以选择商家的时候一定要谨慎小心，选择比较可靠的商家进行交易。

（1）判断网站是否属于注册公司。如果连公司都没有注册，这样的网站商品质量很难得到保障。

（2）商品更新速度是否快速。商品更新速度影响到网络销售的业绩，同时也影响到实体店铺的营销业绩。如果一个网站的商品更新速度比较快，至少说明他们的产品在市场上的受欢迎程度较高。

（3）图片是否是真人实物拍摄。目前网络上有很多产品，尤其是服装、化妆品都是一些时尚杂志上或者其他品牌网站上的款式图仿单，导致出现了很多问题，如实物与照片不符，实物质量太差等，造成很多不必要的损失，而真人实物的拍摄给人以质感，强调了商品的真实性和品质，这样的商品是我们可以选择进行销售的。

（4）网站是否支持上门看货。如果不能支持上门看货，那就要先考虑一下这个商家是不是骗子公司了。当然有些公司因为代理数量较多，可能对上门看货会提出一定的要求。比如有的公司会要求必须一次性发50件并预交定金之后才支持上门看货也是可以理解的，因为这样做一是为了最大限度地优化客服工作程序，二是最大限度地保证对每一位经销商的正常服务。所以在是否支持上门看货这一点上，还需要大家更加仔细地辨别，清楚、理性地分析，不能一概而论。

（5）网站的发货速度。有的网站发货速度非常慢，在下单之后两三天甚至五六天才发货，这很可能不是第一商家，是中间的代理商的可能性比较大。如果从这样的商家进货，就可能没办法保证你的商品供货速度，影响买家对你的信任，造成客户资源的流失。所以在选择批发网站的时候，一定要看网站对发货速度的承诺。发货以后还要看网站是否支持退换货。有些网站以次充好或者在我们对产品的质量问题出现质疑的时候，以各种理由拒绝退换货，这一点也要加以注意。

（6）观察网店制作是否精致。很多骗子网站不会在自己的网店制作上下多少功夫，因此网站的页面很少，制作粗糙；而正规的注册公司的网站都会非常在意网店的形象，同时对制作技术要求也很高，网站的图片、形象等都很规范、清晰，配文也很详细，视觉效果非常好。

（7）注意网站留下的联系方式、公司地址是否详细。一般骗子网站是不会留下任何详细联系方式的，只会留下一个手机号码；而正规注册的公司的网站则会主动出示他们的营业执照。

（8）观察网站的营业资格。一般的骗子网站都没有营业执照，可以要求他们出示营业执照等证明。但也有些高明的骗子网站会通过图片处理软件伪造一份营业执照，所以在观察营业执照的时候需要仔细辨认，查看是否有涂改痕迹，有必要的话还可以到相关部门进行查证。

（9）了解网站的合作状况。在决定要代理商家的产品之前，一定要多注意了解他们的网站，注意观察他们是否与其他网站进行合作、推广等活动，骗子网站是不可能与其他网站进行合作的，而正规的公司网站都会主动寻求合作。

（五）做分销代理

现在微商大军中，自己生产加工商品或者直接进货发货的微商越来越少，很多人没有时间和精力投入到寻找货源当中，也没有仓库存储货物，他们只能找到一些现有的品牌或者已经成功的微商，做他们的分销代理。接受公司的统一管理，按照公司规定的价格进行商品销售，做好公司与买家之间的桥梁，定期参加公司的微商培训课程和活动。这种分销代理形式虽然省去了自己进货发货的环节，不用亲自对商品质量进行把关，只需要在微信圈里发布商品的信息和使用心得等宣传广告就可以向客户销售产品，但是，根据产品的不同、销售区域的不同、代理商付出的努力不同，最终盈利多少就会不同。而且这种形式下公司对代理都有一定的进货量要求，进货量也是和进货价格挂钩的。例如，某燕窝品牌，首次成为代理需要购买 3 盒以上燕窝，而且购买 3 盒只能算是入门代理，如果一次购买 10 万元的货可以成为星级代理，购买的越多，自己的代理级别就越高，这些货可以选择存放在公司，客户需要，只要把地址电话发给公司相关负责人，就会给你代发到客户手里。代理级别越高，拿到的燕窝单价就越低，因为该品牌燕窝的零售价是全国统一价，所以拿到的单价越低，利润就越大。

现在还有很多已经成功的实体商家或者网店卖家、微商为了扩大经营，会主动寻找分销商，他们大部分会从已有经验的微商中挑选，但偶尔也会找毫无经验的新手，只要条件符合都可以加入分销。

当然，新手微商不要因为分销代理的商品的品牌比较有名或者你的上家已经成为千万身家的微商而忽视这种形式的安全隐患，毕竟大部分的货源都是来自网络，或者微信圈里看到的代理信息，这些途径本身就具有太多的不稳定性。分销也是有压力的，有很多卖家给出的分销电子任命书上还明确标注了分销的实效，也就是说，也许你暂时达到了订货要求，做到星级代理，但是一段时间以后，如果没有达到供货商的要求，也可能会被取消代理销售的权利。

(六) 海外代购

微商新兴初期，因为很多微商都是从朋友圈卖货开始挣的第一桶金，而货源大多来自海外，所以很多人把微商和海外代购混为一谈，认为微商就是代购，实际上代购只是微商进货的一种渠道而已。正因为代购出现在微商兴起之初，形式新颖，受到很多买家的青睐，只要保证商品是正品，即使价格要的高点也一样有市场，因为那时候商场和实体店中的国外商品价格确实太高。例如在2013年，韩国的丽得姿补水面膜在市场上卖得特别火，如果在实体店中买的话，一盒10贴，标价到190元，而当时的微信朋友圈中，一盒只需要130元，这么大的价格差距让很多人愿意从朋友圈里的微商手里购买，而当时的顾客大多没有太多鉴别真假的能力，也没有意识去辨别商品的真伪，直到韩国马油的出现，在韩国购买马油需要人民币大概170元左右，可是朋友圈里的马油却从70元到200元不等，更有新闻爆出韩国首尔明洞街上有标价人民币50元的马油，这时大多买家才恍然大悟，代购的行业水太深，而且市场上真货假货相互掺杂，如果不懂行，很可能买到假货，而且购买到假货的可能性也不与价格相关，不是花贵的钱买到的一定就是真的，但是与韩国售价相差太悬殊的肯定不会是真货。

随着微商行业的发展，现在的海外代购品种比以前要多很多，不仅仅局限于一个国家的代购，还可能是多个国家的代购，不仅是相关产品的代购，还有可能是很多毫无关联的商品的代购，只要是市场上有的，免税店里卖的就都可以代购。商品的价格也因为竞争降低了很多，例如刚才提到的韩国丽得姿补水面膜，在之后短短的半年功夫就从130元降到100元（大部分代购的价格）。所以，只要本人或者亲戚朋友在国外生活、留学、工作或者经常有往返国内国外的机会，你就可以轻松地成为代购，但是，想要在这么多代购的竞争环境下占有一席之地且能获得利润就不那么轻松了。

　　现在的代购行业并不好做，很多人都是在微商兴起初期知道代购的，虽然微商发展了这么多年，但是代购给大家留下的印象不曾改变，一直是奔跑于国外的各种专柜，机场的各大免税店，销售名品，获得高利润的一种工作。但是现实中的代购并不容易，笔者的一个做服装和化妆品代购的朋友去韩国大型批发市场进货，整晚都不能睡觉，因为那边能给批发价格的商场半夜才开始售卖，到了白天还要去免税店买化妆品，有的商品在免税店经常断货，还得跑到其他免税店看看能不能买到，几个免税店离得也都不近，一圈跑下来也是一天，有时候排队拿货，排到自己了货没了。还有的客户不要免税店的化妆品，只要专柜商品，到了专柜，如果没有活动，价格就要稍微高一些，还得和客户解释清楚，有必要的话还要现场直播，最后累了一天赚的才是其中的汇率差。还有的客户是拿到货才付款，因为某种原因退货的也有，这些货品就只能留着慢慢卖，还很有可能很长一段时间都卖不出去，因为买的时候型号颜色都是按照订货客户的要求买的。东西买完了还要大包小裹地带回来，几个箱子都不在话下，所以大家都说，一个身体柔弱的女孩因为做了代购，分分钟就可以变成女汉子。最后到了机场办完全部托运才能休息片刻，下了飞机通关的时候也担心被扣上税等问题，出了机场，一箱箱的东西都会让你怀疑是不是自己代购回来的。

（七）展销会获取货源

参加各地展会来了解市场、选定商品是一种传统的获得货源的途径，也是比较常见的一种途径。可以通过展销会现场考察卖家的实力，商品的性能质量以及能够做出对该商品市场发展前景的有效评估。不过，在参会期间能最终选择进行下一步联系的商家不会太多，在展会结束后，还需要通过联系方式进行下一环节的沟通和进货发货，也有可能做了很久的车，走了很远的路，花了不少的钱，在整个展会上完全没有心仪商品的情况，这些都是想要通过参加展会来获取货源的微商要做好预算和前期计划的。

（八）二手闲置物品与跳蚤市场

1. 二手闲置物品。在自己的微店或朋友圈出售二手闲置物品也是一个不容忽视的微商群体，还有专门的"闲鱼"软件，在里面可以像淘宝一样上架自己的二手闲置品。二手闲置物品一般有无法保证品质、利润不高、不可以退换和不能持续经营等缺点，但因为没有压货风险，不用考虑货物的成本，收集货品的过程和途径也相对容易，还是会吸引一些微商来进行管理经营。

2. 跳蚤市场。跳蚤市场是欧美国家对旧货地摊市场的别称，也是一个可以收集到便宜的二手货的地方。在这里有许多种类的商品，大部分是二手商品，也有很多人们多余的物品及未曾使用过但已经过时的衣物饰品等。这些商品价格十分低廉，也吸引了很多卖家来淘金，但因为跳蚤市场上的商品是不能退换货的，还有可能因为眼光问题，好不容易淘回来的商品很久找不到买家，商品本身的质量也很难把握等原因，想在跳蚤市场上淘货的微商一定要提前做好心理准备，淘货时还要有敏锐的洞察力，交易时也要避免上当受骗。

还有很多人喜欢在网上进行淘货，但网上的跳蚤市场比实体跳蚤市场更容易充斥虚假信息，有的价格极低，对新手微商有很强的诱惑力，有的注册人名字非常明显的不是真实姓名，还有的电话号码所在区域与标明区域不符等，这些都是虚假信息的特征。所以新手微商在进行网上交易的时候一定要在交易前考察商家的真实性和检查发布信息中价格的可信度，价格可以通过在跳蚤市场中搜索其他同类产品的价格进行比较鉴别。如果需要面对面交易，也不要带大量现金，尽量有朋友陪同，交易场所选择公共场所。在进行交易时，应仔细核对成交物品与信息描述是否一致，是否属于违法销售或有害身心健康和个人财产安全的物品，或者属于国家禁止或限制买卖类商品。

二、保证货源稳定性的要素

选择好商品后，还要考虑货源是否稳定，在日后的经营过程中会不会影响销售。影响货源稳定的主要因素有：（1）是否缺货，长时间断货；（2）是否供货及时；（3）是否能保证货物质量；（4）收货后的售后服务是否到位。这些对微商的经营都有着至关重要的影响。当然，对于供货商的人品、信誉也要有一定的了解和掌握，警惕上当受骗，造成财物损失。

三、进货时把握的原则

确定了货源，也考察了它的稳定性，真正进货的时候要把握以下几点原则：

1. 商品的确认。进货前能亲自去确认产品，和商家进行面对面沟通是有必要的。通过沟通也可以进一步了解商家和货物质量，有助于掌握该商品的市场价格行情。

2. 商品的供应。货源尽量不单一，可以选择多家进货，这样可以促使供货方之间在商品质量、价格和服务等方面的良性竞争，也可以避免自己销售的商品种类过少，出现断货等情况，还可以及时掌握市场上类似商品的信息、动态，做到有的放矢。

3. 事先做好预算。自己准备投入多少资金，商品单价在什么范围内是自己能接受的，在核算成本的时候也不能单单计算商品本身的价格，还要将进货过程中运费、住宿费等其他费用都归在预算之内。

4. 进货量的确定。首次进货数量不易太多，可以尝试先进一部分，如果卖得好，有固定的消费人群，再继续进货，避免造成囤货的损失。

5. 保持健康心态。不能急于求成，对于新手微商来说，刚起步最重要的是积累经验和人气，让大家对你的店铺和产品有所了解和认识，而不要一味地追求利润，商品发布了一两天卖不出去就上火，顾客讨价还价就生气，这都会影响你今后的微商之路。

总之，不管选择哪种渠道确定货源，在进货前都要严把质量关和价格关，遵守相关的原则，最终找到物美价廉的商品，微商之路就有了成功的基础。

【专家说说】

商品库存一般有多少可以保证正常销售？

一般来讲，一个商品，至少有3件以上的货源才能够正常保证销售和微店运转，否则就可能出现断货，供应不及时等问题。如果是代销级别，也要确保上级代理的货源充足，一旦出现断货等问题要和客户主动沟通，耐心解释，避免引起误会。

问题五 如何进行商品管理

【导读】 做微商不只是动动手指卖卖货,还需要有一定的摄影技术,还得会修图改图,玩转各种修图软件,还要具备一定的文学功底,措辞、造句、发帖子样样在行,可谓是全能人才。

一、微店与朋友圈的商品管理

(一)微店中的商品管理

微店中的商品管理比较清晰,只要打开你的微店,在主页面上找到"商品"这一项,点击进入,如图5-1所示,就可以按照要求上传商品图片,对商品进行描述说明,定好价格与库存等操作之后就可以上架了,如图5-2所示。

在页面的最下端还有商品分类,点击进入,可以按照现有商品分类进行归类,也可以新建分类项目,如图5-3所示。

添加完所有商品,就可以回到商品目录上查看所有上架的商品,以及销量等详细信息,如图5-4所示。

商品上架过程虽然不难,但是还有很多细节需要注意。

体验微商经营

图 5-1 点击微店图标进入微店，点击"商品"

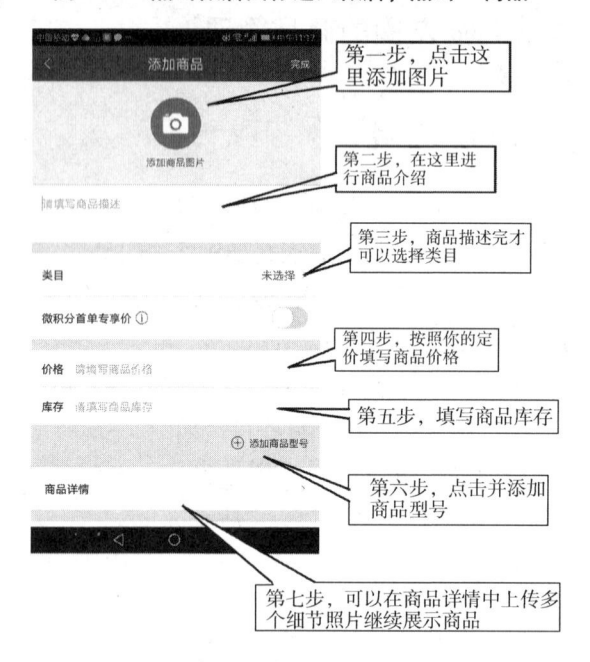

图 5-2 商品图片与说明上传具体操作

· 44 ·

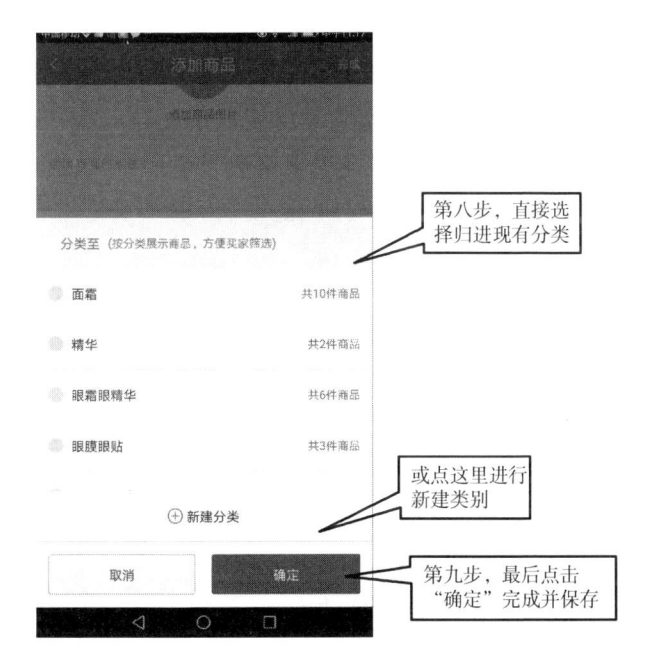

图 5-3　商品分类上架

图 5-4　查看上架商品

1. 微店主页中向大家展示的图片的选择。尽量选择本店商品中有代表性的商品图片做首页中的主打图片,这款商品可以是当下特别流行的东西,可以是本店打折力度最大、最具有竞争力的东西,也可以是最有特点、最能展示本店特色的东西。这样的话,顾客看到后有非常清楚明了的感觉,就会继续关注它的细节内容了。

2. 商品的展示与描述。微店里商品展示的图片不同于朋友圈,基本上都是选择质量较好的成品图,有的也可以加上自己的后期修饰。基本上保证图片明亮、清晰,背景简单不杂乱。如果选择的图片商品比例比较大,就尽量要保证细节清晰。如图5-5所示,商品比例比较大,所以把包装内的食品细节一并展示,不仅丰富了图片效果,更清楚明了地向买家展示了商品。

图5-5　商品比例大

如果是服装类商品,模特的选择最好选择亚洲模特,或者明星代言的图片,比较容易拉近距离感。如果一定要自己实物拍摄也要做到背景简单,尽量选择单色背景平铺图,或者有模特上身效果图会好一些。

在微店商城中，可能很多商家会选择同样的图片或类似的图片进行同一款商品的展示，让买家不知道该如何选择。这时候怎样对商品进行描述就会起到至关重要的作用。一个好的商品描述胜过一名优秀的销售专员，店主们要让买家通过商品的描述清楚明白地了解商品的功效与特点，最终达成购买行为。对于商品的描述，不要太过复杂，不建议选择全部文字描述，如果是全文字描述一定要抓住重点，用简洁的语言进行表述即可。一般来讲，顾客在看完商品的图片之后对商品的外观质地基本有所了解，接下来他们希望通过细节描述进一步了解商品的参数、性能、特点等方面。如果商品描述后面适当追加一些使用说明、快递事宜、优惠政策也是可以的。建议选择图文并茂的描述方式，有图、有真相、有讲解会更直观，让顾客更清楚易懂，也就更有可能从你这里购买该商品。如图5－6所示，由图片搭配文字说明比起大量的纯文字说明更直观易懂，也会让买家阅读起来很轻松。

图5－6　图片搭配文字说明

当商品成交以后，买方会通过微信零钱或者银行卡支付等支付方式付款，我们则可以通过微店主页面的"订单和收入"进行商品的订单管理，在这里有"待发货""待付款""已发货""退款、售后"等内容，可以随时关注商品销售进度，如图 5-7 所示。

图 5-7　微店主页

（二）朋友圈中的商品管理

朋友圈不像微店有固定的模式可以对商品进行系统管理，所有的买卖可以像网店那样直接从微店里进行交易。朋友圈需要我们用心地经营，需要对商品的种类、数量、库存量、更新节奏、包装、每件商品每月销售情况做到心中有数，有必要的话还要进行记录统计。每天要按不同的时间段进行商品的"上架"与"宣传"，就如同每天上下班打卡一样勤劳、按时、有序地发布和宣传商品。一旦售出，支付方式也基本都会选择即时到账的微信转账或微信红包，有时也会选择支付宝。

即使像这样要投放更多的精力，还是有很多人更喜欢在朋友圈里销售商品，而不是开微店。也有很多商家两者同时进行，毕竟微店的浏览频率对于你的微信好友来说远不及对你朋友圈里发布信息的浏览频率高。朋友圈里的人每天都会上线，会看到你发布的商品广告，而且，这些人大多数是你的亲戚朋友、同事、认识的人、朋友的朋友。相比陌生人，他们对你的认可度与信任度要高很多。这种认可与信任就会转嫁到你所推广的商品上，购买的可能性就会远大于陌生人。所以，只要你的微信通讯录里的人够多，每天关注朋友圈的人够多，在这里的商品销量也许会比你的微店要多得多。

朋友圈里的商品图片选择、展示和描述与微店里的商品图片选择、展示和描述既有共同点又有区别。

1. 商品图片的选择。朋友圈的图片与微店里的图片在选择和使用上原则基本一致，都要清晰、美观，尽量使用单张图片而不是多种商品拼图。但在商品模特的选择上，朋友圈发布的商品照片不仅可以选用现成的图片，也可以选择商家本人或商家的朋友来做模特，比如服装店主可以展示自己的试穿效果，如图 5-8 所示。化妆品的店主也可以发张自己使用某种产品后的面部皮肤效果图，保健品店主也可以让自己正在服用该保健品的照片展示给大家，因为圈子里的人对店主或多或少都比较熟悉，选择这样的照片更具有真实感，无形中增加了顾客对商家的亲近度以及对商品质量的信任度。

如果你是代理商或分销商，也可以坐等厂家或上级代理发布的图片，因为那些图片往往是经过再加工，清晰度、饱和度都已经调整到最佳状态，比我们自己拍摄的照片要美观很多，有的厂家和总代理甚至会聘请网红为商品拍广告，这样的照片你就可以直接拿过来使用了。

图 5-8　店主展示服装

如果是实体店主,也可以把你的店铺拍照上传,方便本地附近的顾客直接到店铺购买。有网店的店主也可以把网店的名字 P 到照片上或者直接把网店主页图片一起发上去进行宣传。

【百姓说说】

如果怕别人不经允许就转载或使用自己的体验图片,也可以通过图片加工软件把图片打上自己微信号或微店名称的水印等,这样一来,即使别人转发了你的图片,也起到了对你的微信号或微店进行宣传的作用。

2. 商品的展示与描述。对于商品的展示,我们一定是有图片的,没有图片,全是文字,大家很难明白你在卖什么,即使读了文字知道你卖的是什么,还有可能不知道它的样子。所以发朋友圈之前一定要准备好商品的图片,这种图片可以是现有的,也可以是自己的实物拍摄。进行商品推广发朋友圈的时候,我们最多可以选择 9 张图片,这 9 张图片的排列方式是一共 3 行,每行 3

张。如果商品需要展示细节图的时候，我们尽量选择6张或9张图片，如果商品比较简单，或是大家非常熟知的一种商品，就可以选择1~3张图片。因为这样的排列方式比较美观，尽量不要选择5张、7张或8张。如图5-9所示，卖家选择用8张照片展示商品就会空出1张照片的位置，不够美观，而且图片第4张、第5张和第6张所拍摄的内容大致相同，也完全可以只选择其中一张，避免重复。

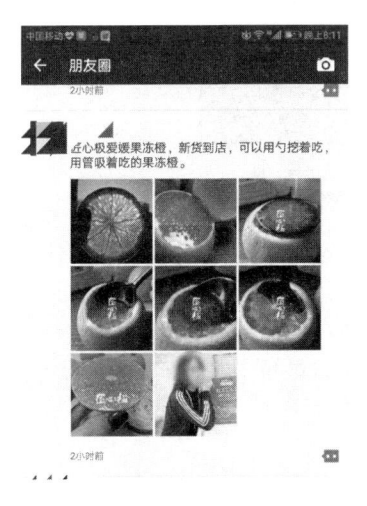

图5-9 朋友圈8张图片

在描述的内容上，可以是对商品的细节或质地、使用方法等常规内容进行说明，也可以是分享自己对商品使用的亲身感受，而且后者更具亲和力，也更容易打动买家。文字描述尽量做到不烦琐、冗长，只要表述清晰就可以了。

一旦是做活动，也可以在商品描述之前加上活动规则的说明字样，比如"清仓打折""今日包邮"等。至于其他使用心得、价格、注意事项等也可以通过客户和我们的微信私信进行单独交流。如图5-10所示，通过9张图片展示商品，配文首先标明"包邮"，活动主题鲜明。

图 5-10 朋友圈 9 张图片

如图 5-11 所示，因为商品自身的特点，卖家选用展示细节的图片会让买家对商品质量更放心，同时商品的文字描述言简意赅，短短的几行字把商品的性质、等级、型号、价格以及优惠全都包含在内。

图 5-11 商品细节图展示

因为朋友圈里上传的图片也可以选择图文并茂的图片，所以如果9张图片里已经有对商品进行解释说明的图片，相应的文字说明就可以简短一些，比如只打上商品的名字或活动规则等。如图5-12所示，通过6张图片展示商品，并且在图片中有两种属于图文结合的方式。

有的商品在照片中添加能够展示商品的技术鉴定证书、质量鉴定证书等权威证明，这些东西可以打消顾客的顾虑，提升销量和信誉度。常见用于食品类、珠宝玉石类以及奢侈品类等，如图5-13所示。

图 5-12　图文结合的展示　　图 5-13　质量证书的展示

（三）了解支付与收款的基本功能

如果是微店，可以直接付款；如果是朋友圈，可以选择接受微信发红包或者转账，也可以接受通过个人的支付宝转账。

二、商品的定价

一件商品以什么价格售出是对于销售这件商品最终是否能够获利至关重要的。如果价格高了，在同类商品中就会失去竞争力，也会让顾客觉得力不从心而最终放弃购买；如果价格低了，会让顾客顾虑产品的质量不过关，也会让你的利润缩水。只有保持成本和利润之间的平衡点是最稳妥的，因此，给一件商品定价看似是一件很简单的事情，其实包含了很多的学问。

（一）商品定价的原则

一件商品的价格应该是以成本为原则，以市场需求为向导，根据实际销售情况来最终确定商品价格。

1. 以成本为中心制定有利的价格。这个成本是由产品生产过程和流通过程中所花费的物资消耗以及支付的劳动报酬所形成，是产品定价的核心要素，是商品定价的底线。

2. 以市场需求为向导确定价格。如果一件商品是市场上供不应求的，那么买家感受的产品价值就越深，需求强度就会越大，价格也就越高。一般是以该产品的历史价格为基础，根据市场上的供求变化在一定的幅度内有所变化。

3. 实际销售过程中的变化因子对价格的影响。一件商品在实际的市场销售过程中，会受不同的因素影响而产生变化。例如，稀有的、特色的商品在市场上对买家的吸引力非常大，价格上稍微贵一些也一样受到买家的喜爱；商家进行反季打折等促销活动，在活动期间对商品的定价就会低于正常的商品定价。顾客的消费习惯以及销售市场的大小也会造成对商品定价的影响。

(二) 商品定价的技巧

商品的定价需要遵循一定的原则,也要讲求一定的技巧,这样才能满足顾客的需求,也能获得丰厚的回报。

1. 组合定价策略。把店铺里的相关联的产品组合起来一起定价,这些被组合的产品最好属于同一个商品大类别。比如,袋装速溶豆浆的销售商家可以把黄豆浆、黑豆浆放在一起组合,也可以把各类豆浆和店铺新品红枣饮品放在一起组合,根据同类产品的成本差异、顾客对该类商品的需求及竞争者的价格,制定各个组合的最终价格。组合定价可以细分为下面几种形式:

(1) 不同产品相互组合。一种方式是将店铺当中的几种不同种类的商品组合定价。这种组合可以是按照高、中、低档价格组合,每种组合以 2~4 种为宜,太多容易造成视觉混乱,不方便消费者选择。其中,用低价位组合吸引买家进店或是对商家的微信圈关注,利润较低,以量取胜。中等价位组合是大多数买家的选择,因为消费者大部分会避免购买最贵或最便宜的商品,而会选择相对稳妥的中间路线。高价位组合主要迎合部分消费者追求"质量居上"的心理,让买家觉得商家的商品是有品质的!但这里的高价绝对不是真的高价,而是店铺中的相对高价,是与其他组合相对而言的高价。另一种方式是将店铺中的几种商品按照均等价格进行组合。将价位比较高的商品与价位比较低的商品平均分配再组合,保证每个组合的整体价格相差不多,或者完全一样,这样消费者的注意力会完全放在组合中哪种是自己喜欢的,而对组合的价格不会太挑剔。

(2) 连带产品的定价。这类产品定价要有意识地降低连带产品中购买次数少、顾客对降价比较敏感的产品价格。提高连带产品中消耗较大、需要多次重复购买、顾客对它的价值提高反应不太敏感的产品价格。例如，有的服装店主会在出售薄款外衣时连带销售内搭吊带。单独购买内搭吊带的顾客比较少，大多消费者是为了购买薄款外衣而一并关注了内搭吊带，如果此时内搭吊带明显的降价，消费者很容易一并购买，即使外衣的价格较之前有所上调。

（3）产品套餐形式定价。如果一件单品，在价格上没有竞争优势，我们可以给它进行配套组合，附加一些赠品或者与其他单品搭配整体出售，又或者增加很多组合搭配，这样可以让消费者感觉商品比单独购买更优惠，而且又可以节省流通费用；对于商家来说可以扩大销售、加快资金周转，提高经济效益，很多成功卖家都是采取这种定价法。比如化妆品的水乳套装，或者同款化妆水的两瓶组合、三瓶组合等。

2. 折扣定价策略。折扣定价实际上就是薄利多销，通过降低一定的价格，让出一定的利润来争取顾客购买的一种售货方式。折扣定价策略可以细分为以下几种形式：

（1）数量折扣定价。数量折扣是指根据消费者对商品的购买数量来决定给予不同程度的折扣，数量越多，折扣越大。这种方式的目的是吸引顾客长期、大量或集中购买本店铺的商品，也可以避免商家囤货，加速资金周转。数量折扣可以是一次性达到要求数量获得的，如某种商品买二送一等方式；也可以是累计达到要求数量获得的，如买够500成为会员，享受8折会员价等。

（2）活动折扣定价。有的商家会根据不同的节日、店庆等活动制定折扣价格，这种价格有一定的时间限制，在活动时间结束后会恢复原价。还有的商品具有季节性的特点，比如服装、电扇等，所以商家会根据商品的特点在淡季进行折扣销售，这样也会增加商品的销售数量、加快资金周转速度。

（3）现金折扣策略。有很多商家会鼓励顾客办理现金会员卡，预存一定现金,享受商品折扣价格。或者按照预付款的日期给予不同的折扣优待,比如,付款期限为一周,立即付现折扣5%,3天内付现折扣3%,最后货到付款无折扣等。现金折扣实质上是一种变相降价赊账、鼓励提早付款的办法,这种方式有利于商家及时回收资金。

3. 商品上市阶段性定价策略。阶段性定价,就是要根据商品从投入市场之后开始在经历各个不同的阶段中被制定的价格。商品阶段性定价一般会经历如图 5-14 所示四个阶段。

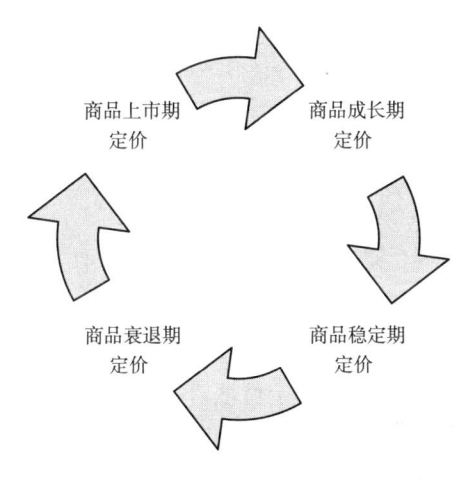

图 5-14 商品阶段性定价经历的四个阶段

在商品上市初期,因为许多消费者还不熟悉这个产品,为了推广商品,引起关注,往往会制定稍微低一些的价格。到了商品的成长期,随着销售量的扩大,商品也被消费者所接受,利润也会随之增加,这时候应该适当提高销售价格,来保证商家实现目标利润。之后是商品的稳定期,在这个时期,市场需求已经日趋饱和,销售量也达到顶点,并有开始下降的趋势,表现在市场上就是竞争日趋尖锐激烈,仿制品和替代品也日益增多,利润也达到了最高点。这时候商品的价格可以稍微定低一些，尽量低于同类产品，以排斥竞争者来维持销售额的稳定或进一步增大。最后是产品的衰退期，消费者对商品的需求量大幅度降低，利润也随之缩减，这个时期进入商品更新转换期，定价只能略高于成本价格。

4. 数字定价策略。数字定价策略是在制定商品价格时利用顾客对数字的喜好和认知心理来定价，从而激发消费者对商品的购买欲望，达到扩大销售的目的。常见形式如下：

（1）特殊数字定价。这种方式是根据消费者对某些数字的喜好来定价，比如，大多数人认为"8"和"9"是比较吉祥的数字，所以很多商家会把价格定为"88""58""18""9.9"等，相反，像数字"7""4""3"因为对消费者的心理影响不大，则很少使用。

还有的商家喜欢把商品的零售价格定为带零头的价格，如"9.9""19.9"等，这可以给消费者一种"便宜"的心理暗示，也被称为"差一点法"，是商家最常用的数字定价策略。

（2）同价定价。我们平时生活中经常会看到"一元店""十元店"，采用的就是这种同价定价法。把微店里的商品定为同样的价格销售，或是把商品分为几类，每一类的商品价格相同。这种方式简单干脆，省掉了讨价还价的麻烦，对一些货真价实、需求弹性不大的必需品非常有用。

（3）数字分割定价。在定价的时候采用较小的单位来定价，或是强调较低的商品单位，让消费者在心理上有种"便宜"的感觉，循序渐进的接受商品价格。例如一些进口巧克力，按斤卖比较贵，但是按克数来卖就会比较容易被顾客接受。还有化妆品类，有的牌子正装价格比较高，像韩国"后"的精华75毫升单品售价在1000元左右，但是很多顾客更喜欢买1毫升装的商品小样，因为单位分割后会让价格看起来更低一些。

三、商品的拍摄与包装

（一）商品的拍摄

1. 商品的前期拍摄技巧。在进行商品展示的时候，我们可以选择现有的图片，也可以选择自己拍摄图片。现有的图片往往清晰度比较高，细节展示清晰。如果是自己拍摄的图片可能就会在拍摄中出现一些问题，如光线太强或太暗、商品细节不够清晰、照片构图凌乱、模特与商品有违和感等。因此我们在自己拍摄商品图片时要注意以下几个问题：

（1）拍摄工具的选择。商家在拍摄商品时是用相机或是手机进行拍摄的，而大部分微商为了方便和节省时间都会选择用手机进行拍照。手机相对于相机，尤其是功能比较多的相机来说操作比较简单，也比较随意，随时随地都可以拍摄，但同时效果和清晰度也不如相机拍摄的图片。相机拍摄的图片后期修改大部分要通过电脑进行操作，而手机拍完立即就可以在手机上选用一定的修图软件进行修图。尤其是主要靠朋友圈进行销售商品的微商，手机就是一个万能工具，随时就可以拍个图片发到圈里，因此选择自己拍摄图片的话，大多微商还是会选择用手机进行操作。

（2）拍摄背景与环境的选择。一般来说，我们需要根据被拍摄的商品的性质和颜色来选择拍摄的背景和环境。要使背景和环境能突显主题，可以按照以下规律来拍摄：浅色的背景能突出深色的主体，深色的背景能强化浅色的主体；背景色一旦与主体色形成对比色或互补色，会产生强烈的色调对比，而背景色与主体色调为类似色时，色调会变得和谐舒畅。光滑背景会突显粗糙的物体，粗糙的背景会突出光滑的主体。也就是说我们需要让拍摄的背景与环境和商品形成一定的对比反差，但是这种反差不要太夸张，这样就会突出商品这个主题。拍摄的大环境要根据商品自身的特点来选择，尽量不要到嘈杂和混乱的环境中去拍摄，如果是日用品、化妆品、食品等，可以选择在室内一个单纯的环境下拍摄就好，商品在图片中的比例要大，背景环境只是衬托。如果是服装鞋帽类，也可以让模特着装街拍，但是周围环境也要相对空旷、安静，这样才能突显模特的着装效果。我们选择一些化妆品图片为例，图5-15中所示的拍摄环境比较简单，背景颜色和商品中的一部分没有形成对比，可以通过调节背景颜色来衬托出商品的主体。

图5-15 背景衬托形成颜色对比

（3）拍摄灯光的选择。自然光线是比较理想的光，尤其是上午9点到下午3点的光线，如果是晚上或者光线较暗的室内，也可以在拍摄的时候多开几个灯来增强光线强度，也可以借助白板等调整光线，让光线照射均匀，尽量让商品看起来轮廓线条清晰，防止光线偏向一侧。如图5-16所示，在室内没有自然光的环境下打亮灯光，尽量光照均匀，会使商品看起来比较清晰。

问题五 如何进行商品管理

图 5-16 利用灯光

（4）配饰物品的选择。在拍摄一件商品的时候，如果背景纯色，商品形状又很规整，如正方体、或圆柱体等，整体图片就会给人很单调的感觉，没有任何的吸引力。这个时候可以在商品旁边摆设一件或几件配饰物品，起到充实图片和突显商品的效果。在摆设物体的时候，应该注意色调和色彩的比衬、明暗的比衬，还有整体与细节的比衬。物品摆设的位置也要注意，不能喧宾夺主，混淆视觉。如图 5-17 所示，商品的形状比较规整，背景环境相对单纯，可以搭配一些物品做衬托，使图片看起来美观一些。

图 5-17 物品背景衬托

· 61 ·

（5）拍摄角度的选择。除了上述的被拍摄体的构图之外，选取好的拍摄角度也是一个重要的环节。拍摄角度大致有三种：平摄的画面效果与人的视觉习惯相近；仰摄产生高大的效果；俯摄是拍摄很多物体的层次，纵深透视效果明显，给人以辽阔广远的感觉。对于静物的拍摄来讲，还要注意观察被摄体的形状，规则的物体最好不要使用仰角或者俯角，不然就会发生变形。一般经营服装的店主喜欢用仰拍或俯拍方式突出服装和穿搭特点。

2. 商品的后期处理技巧。图片的处理我们可以选择将图片传到电脑上，然后通过图片编辑软件来优化效果，如 Photoshop，或者选择用手机上的软件直接处理照片，如天天 P 图。下面以"天天 P 图"为例简单介绍如何用手机软件为拍摄好的商品图片添加文字、添加特效、进行拼图等。

（1）为图片添加字体的操作步骤如图 5-18 至图 5-31 所示。

图 5-18　步骤一

问题五 如何进行商品管理

第二步,打开软件后,找到自己想要进行操作的内容,点击进入

图 5-19 步骤二

还有这些操作内容可以选择

图 5-20 其他选项

· 63 ·

体验微商经营

图 5-21 步骤三

第三步，点击进入装饰美化

图 5-22 步骤四

第四步，从你的照片图库中选择你要进行编辑的照片

· 64 ·

问题五 如何进行商品管理

可以选择这些选项中的任意一项来进行图片的编辑

图 5-23 图片编辑选项

还有这些

图 5-24 编辑选项

· 65 ·

第五步，选择文字项，点击进入，进行图片编辑

图 5-25 步骤五

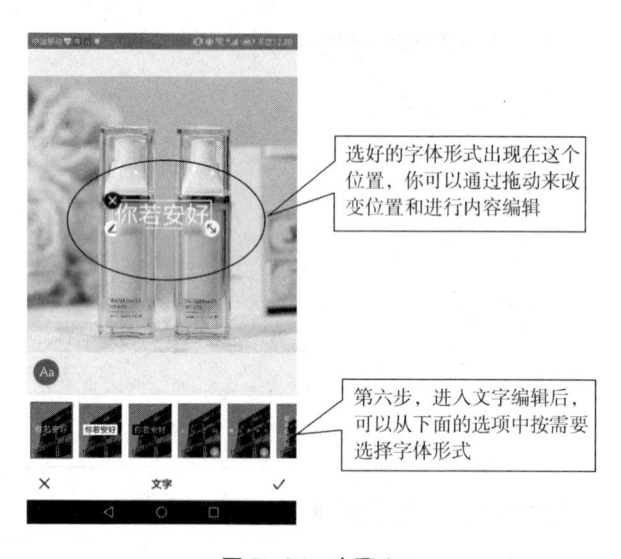

选好的字体形式出现在这个位置，你可以通过拖动来改变位置和进行内容编辑

第六步，进入文字编辑后，可以从下面的选项中按需要选择字体形式

图 5-26 步骤六

问题五　如何进行商品管理

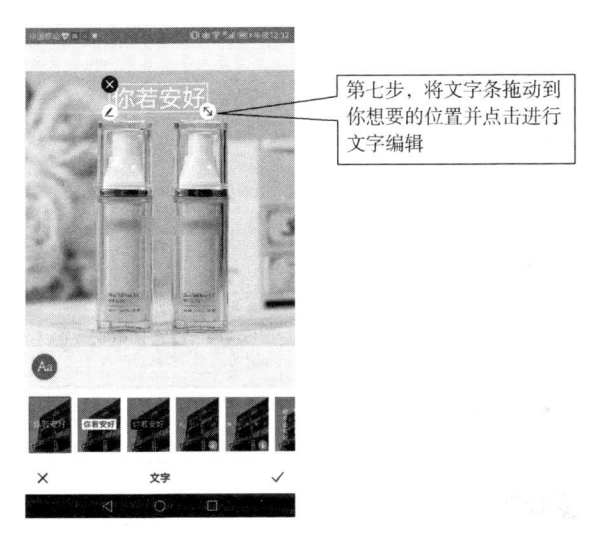

图 5-27　步骤七

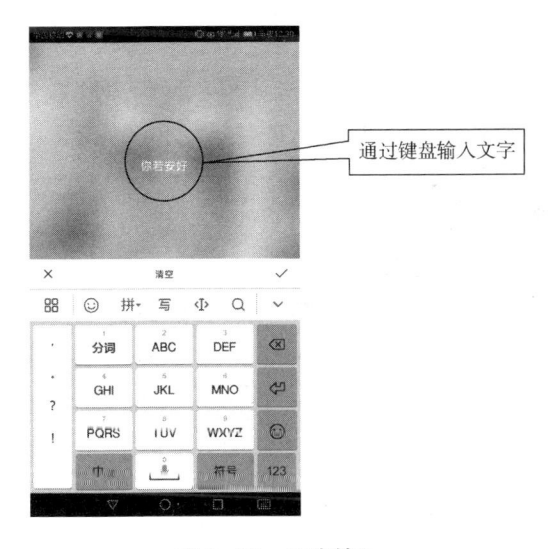

图 5-28　文字输入

图 5-29 步骤八

图 5-30 步骤九

问题五　如何进行商品管理

从下面多个选项中挑选字体

图5-31　挑选字体

（2）为图片添加特效的操作步骤如图5-32至图5-34所示。

第一步，在天天P图软件中选择装饰美化，点击进入

图5-32　步骤一

·69·

第二步，在这些功能选项中挑选出你想要的一项

图5-33 步骤二

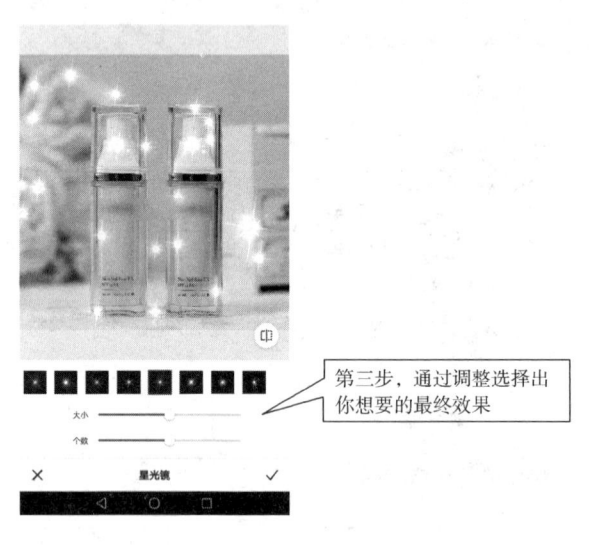

第三步，通过调整选择出你想要的最终效果

图5-34 步骤三

（3）对几张图片进行拼图的操作步骤如图 5-35 至图 5-37 所示。

图 5-35　步骤一

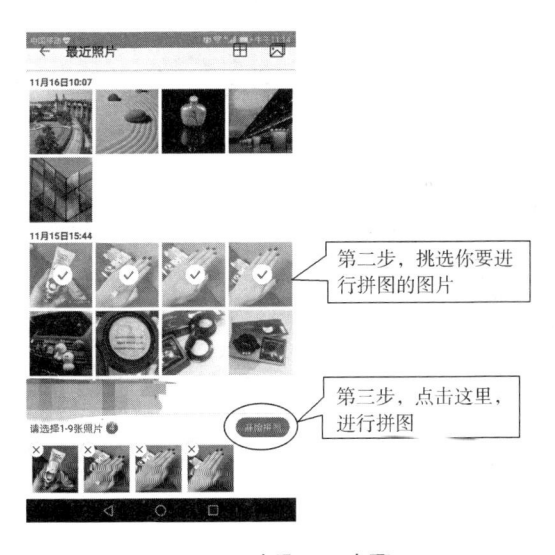

图 5-36　步骤二，步骤三

体验微商经营

图 5-37 步骤四

我们还可以选择进行趣味拼图，比起普通拼图形状更多样，如图 5-38 至图 5-42 所示。

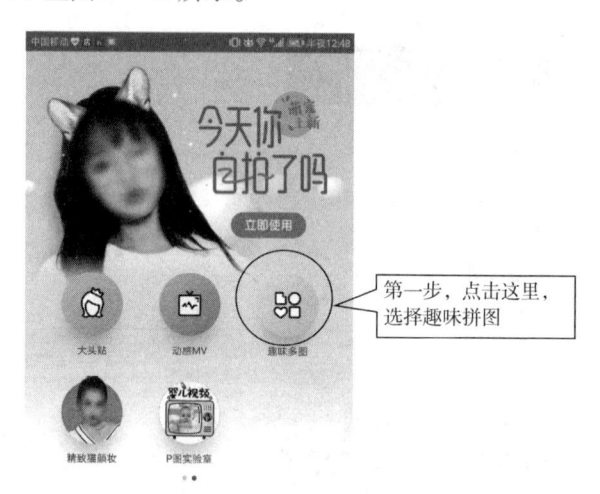

图 5-38 步骤一

· 72 ·

问题五　如何进行商品管理

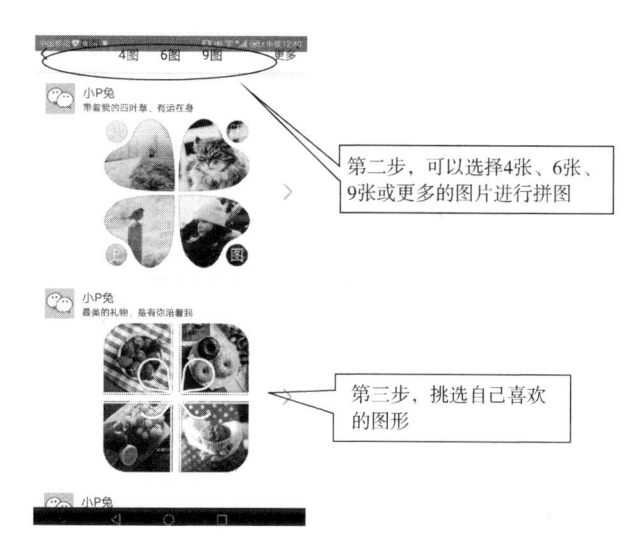

第二步，可以选择4张、6张、9张或更多的图片进行拼图

第三步，挑选自己喜欢的图形

图 5-39　步骤二，步骤三

第四步，挑选图片进行拼图

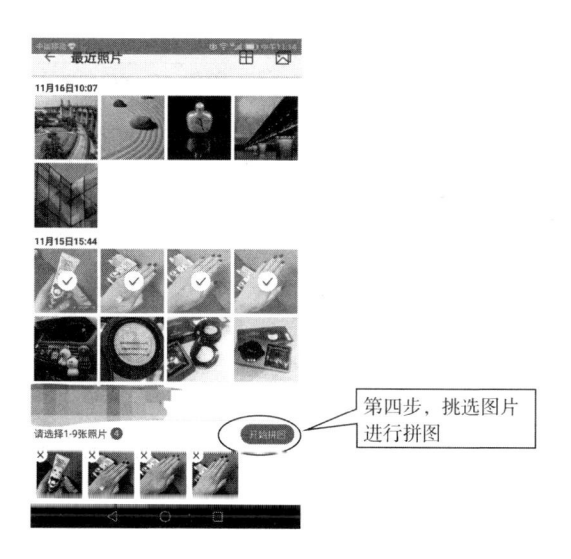

图 5-40　步骤四

· 73 ·

体验微商经营

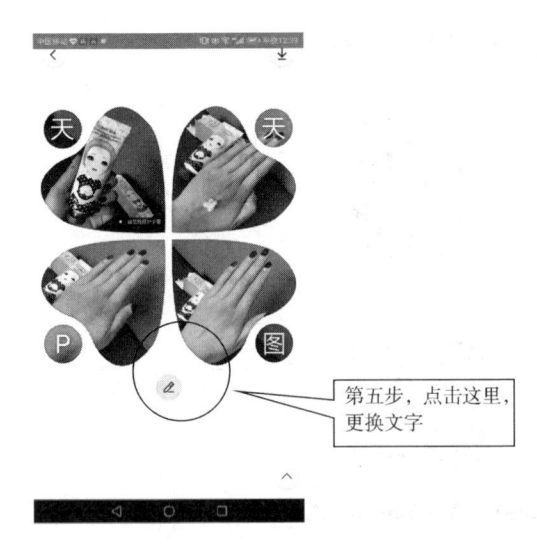

第五步，点击这里，更换文字

图 5-41 步骤五

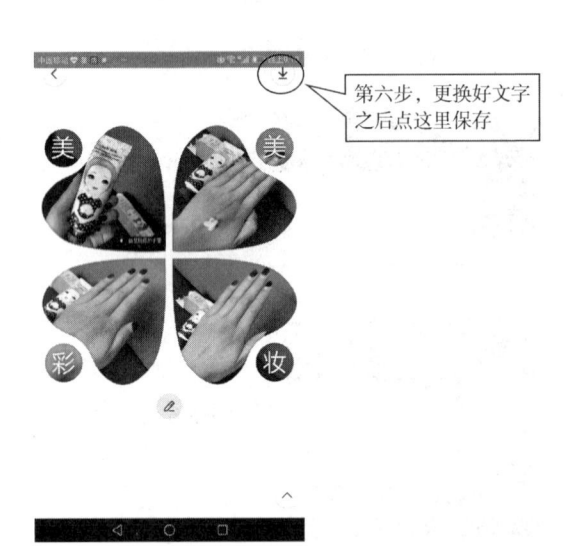

第六步，更换好文字之后点这里保存

图 5-42 步骤六

(二) 商品的包装

商品卖得好、销量高，店铺有人气、浏览量大，顾客对你的商品评价给的好评多、反馈好，这些都是每一个微商希望看到的，这样的结果除了与商品本身的质量、价格等内在因素相关，还与店主的经营细节相关，而最容易看出一家店主经营细节的地方就是对商品的包装。是否用心的包装，是收获信任的重要一步。

很多微商，只重视货源、价格、商品的推广销售，却忽略了包装也是商品的重要组成部分，是整个销售过程中不可缺少和忽视的一个环节。再好的东西，如果没有合理的、贴心的包装，就不会展现出商品自身应有的价值，也会影响商家和所售商品在消费者心中的形象。而美观大方、细致入微的包装则能够赢得顾客的信任、赢得顾客的心。

由于商品自身的特点不同，包装的方式方法以及包装所选用的材料就会有所不同。这里所说的包装不是指商品本身出厂时自带的外包装，而是指为了商品的运输安全对其进行的二次包装。下面介绍几种常见的包装形式。

1. 基本包装。

（1）食品类。食品的包装没有太多的讲究，因为一般食品都会有自己的密封包装，所以在外面的大包装只要做到干净、抗挤压就行。如果是保质期短、易变质的食品，也可以考虑用真空袋或者泡沫保温箱进行包装。

（2）衣帽等纺织品类。因为这类商品的特点是不易受挤压变形，因此，大部分商家会选择用快递专用加厚塑料袋来进行外包装，其特点是防水、防辐射，而且经济实惠，但是也要注意，这类商品不要直接放入外包装袋内，而是要先用一般的塑料袋或者布袋进行包装好后再放入快递专用塑料袋中。里面的那层塑料袋或者布袋最好干净整洁，如果能印有商家的店铺名称、微信号等宣传字样就更好了。

（3）电子产品类。这类商品属于比较精密的产品，包装一般比较讲究，会使用纸箱进行外包装，而且纸箱的质量一定要好，避免一撞就碎。包装时先是要用气泡膜包裹结实，然后用泡沫、塑料、气囊等防震、防潮、防撞击的材料对箱内空处进行填充，最后用胶带封好。常见包装用纸箱如图5-43所示。

图5-43 包装用纸箱

（4）玻璃瓶等易碎品包装。这类商品的包装一直是最让商家头疼的，不仅仅需要防撞、防摔，如果是液体，还要防止因为季节性原因在过冷的环境下而碎裂，因此，在包装的时候要格外注意。首先要用气泡膜将商品瓶体本身进行牢固包装，用胶带缠紧；再把商品放到结实的纸壳盒中，四周用泡沫、泡沫塑料、气囊等进行填塞，保证商品不会在纸壳盒中来回晃动。如果是邮寄多件商品，可以把易碎品放到其他商品当中，不要放到纸壳箱的角落里，放好后用胶带封好。如果有易碎物品标签，也可以贴在外纸盒的包装上，在箱子四周写上易碎物品勿压、勿摔，提醒在装卸货过程中避免损坏。如果是在冬季,从南方邮寄玻璃瓶液体到寒冷的北方,一定在邮寄前和顾客做好说明,避免引起不必要的纠纷。

(5)书籍杂志类。这类商品的包装可以选择先用塑料袋套上一层,然后再用牛皮纸口袋或纸盒进行外包装,最后用胶带封好。

(6)数码产品类。这类商品应先用气泡膜包好,再放入比较结实的纸箱内,在空处填塞泡沫等,使其四周没有空间,不摇晃。在纸箱外用胶带封好,最好粘贴上带有警示语的"小心轻放、防水防潮"等字样。

(7)化妆品类。化妆品和香水类商品大部分是水质、乳状、霜状,多为玻璃瓶、塑料瓶包装。这类商品在运输途中经常会泄露,所以是邮局和快递公司查的最严的商品之一,因此在包装上要格外注意,除了包装结实,确保不易破碎外,还要防止液体渗漏。一般都会用胶带缠好封口,保证不会渗漏,甚至留到纸盒外污染他人的包裹;再用气泡膜进行包装,用胶带封好,这样可以起到防震的作用;最后放入纸箱中,将纸箱空隙处用报纸、泡沫、气泡膜等填塞好。

(8)工艺品类。陶瓷、钢琴、工艺品等偏重或贵重的商品应采用木箱包装。在美国、加拿大、澳大利亚、新西兰等国,对未经加工的原木包装有严格的规定,必须在原出口国进行熏蒸,并出示承认熏蒸证明书,进口国方可接受货物进口。否则,会被罚款或将货物退回原出口国。

【百姓说说】

万能的气泡膜

现在大多数产品都会用气泡膜进行初期包装,别小看这种气泡膜,它发挥了很大的作用,避免了硬物之间的挤压和磨损,很大程度上减少了对物品的损坏。最常见用于化妆品类商品的包装。

图5-44为气泡膜图片。

图5-44 包装用气泡膜

2. 辅助包装。在基本包装结束后,有的商家还会花一点心思来完善或者提升自己的商品形象,对自己的商品和店铺进行一定的宣传,也就是为商品的延伸价值而进行辅助包装。一般常见的辅助包装有名片、售后服务单、警示贴、热卖商品推荐表、带提示语的白色胶带等。

(1)名片。在邮寄商品时,在内包装里放几张名片,名片上印上自己的微信号、微店名、联系方式等。如果买家觉得你的商品不错,自然会留下名片,还有可能将名片送给朋友,推荐他们成为你的客户。

(2)售后服务单。现在很多商家都会在商品的包装盒里放上"致买家的一封信""注意事项""售后退换货事项"等卡片或纸片,用真诚的语言向买家表达自己的感谢之情,并将商品的使用注意事项进行特别标注。如果是退换货,也可以通过问题形式了解客户会对商品的哪些方面还不满意等,这些做法会让客户觉得商家很人性化、很贴心、真正地替客户着想,也在用心地做商品销售。这样的话,这些初次客户就很可能成为持续性客户。

(3)警示贴。这个几乎不增加成本的小东西非常能够体现卖家的细腻，通过警示让客户感受到你的细心体贴。

（4）热卖商品推荐表。不是每个买家都会十分耐心地看完你微店里所有的商品或者每天关注你朋友圈里到底推荐什么商品，所以在包装盒内，可以放上一张商品推荐表，把你所有的商品中特别热销的、人气高的、新款的商品进行介绍。这样有助于客户对你的商品有所了解，增加客户继续关注和购买你的商品的可能性。

（5）带提示语的白色胶带。在进行最后的包装时，我们几乎都会用胶带进行粘贴封箱，在提示快递员轻拿轻放的同时，更能让买家感觉到商家工作的细致。

【百姓说说】

现在很多商家会在包装箱内放一些小的赠品，即使这些东西对买家来说用处不是很大，但是还会带给买家惊喜，让他们在收货的时候有个好心情，这样就很容易给你一个大大的好评。但是需要注意的是，这种赠品质量不要太差，不然会起到反作用，让买家对你的印象大打折扣，很难继续购物。

问题六　如何进行营销管理

【导读】 卖出你的第一件商品前，一定要做足准备功课。有的功课是从书本上看到的，有的功课是向其他微商学来的，还有的功课是在自己销售商品的过程中总结的，不管是哪种途径学到的这些功课，都一定会对你的微商事业有所帮助的。

作为微商，最开心的事情莫过于卖出自己的商品，尤其是新手微商，第一次卖出商品的时候那种激动心情会一直持续好久。能够让自己的商品得到更多客户的肯定，销售额直线上升，就要掌握一定的营销策略。不能每天只是毫无目的地在朋友圈发布产品广告、对任何客户都是一种应对态度、几乎不间断地做各种促销活动等，这些绝不是一个好的营销者的选择。商品在销售过程中，主要经历售前、售中、售后三个过程。三个过程各有特点，又是相互关联、密不可分的。

一、售前做好各项准备工作

（一）掌握成功交易的黄金法则

1. 选择成交法。选择成交法是通过向买家提出几种购买方案，要买家选择其中一种方案进行购买。例如，客户咨询你面膜的时候，如果犹豫买还是不买，你可以直接问顾客："您是想买片状面膜呢？还是想买睡眠面膜？"让顾客下意识地进行选择并做出回答，从而确定购买意向。在店主与买家交谈的过程中，采用选择成交法基本都会达成最终的交易。不过在向买家询问时一定要规范买家的思考范围，不能问没有头脑的问题，也不能问题太多，需要注意以下几点问题：

（1）给买家的选择问题不要太多，给出的选项也不要太多，不然只会让买家的思路发散，最终无从选择。因此最好针对顾客的主要矛盾，提出两个选项，要买家择优而选。

（2）不要给买家拒绝的机会，店主向买家提出的方案中应该包括所有可选方案中的大部分内容，最好是让买家在提供的方案中做一个选择。

（3）如果遇到买家拒绝的情况，店主可以适当暗示一下买家，让买家觉得你提出的方案是最优的，而不要和买家争执什么是最优方案。如果买家确实无法进行选择，或者店家无法提供买家指明需要的产品，店主应该尽可能向买家提供他所知道的全部产品信息，或者试着推荐买家可能会接受的类似商品，这样做往往能够赢得买家的信任。

2. 意向引导成交法。"意向引导"是一种语言"催化剂"。化学当中的催化剂能使化学反应速度增快，"意向引导"这种催化剂就可以使顾客在买卖交易中加快购买商品的速度。让顾客在买东西的过程中，变得特别积极，希望尽快成交。尤其是当顾客对商品本身感兴趣，但是因为商品的价格超出了自己预计水平的时候，就非常适用这种方法。

3. 优惠成交法。优惠成交法又叫让步成交法，它是指店主或客服通过提供优惠的条件促使买家立即做出购买决定的成交方法。店主在进行推销的过程中，必须对商品的一些条件有一定的自主权,在价格上或者数量上等方面做出一定的让步,来吸引买家迅速下单。这也是成交法则中最常见、最好用的法则。给买家的优惠主要表现在以下几个方面:

(1) 价格上的优惠。价格优惠是最基本的优惠条件,买家谈的最多的也是价格上的优惠。一般买家都会要求物超所值。实现这一目标的方法有两种,一种是同样价格水平下提高产品的价值,另一种是在同样的产品价值上降低产品的价格水平。一旦顾客对某件商品产生购买欲望,一般都会要求店主在价格上给予优惠,或者打折,或者抹零。

(2) 邮寄服务的优惠。微店里的买家大多是在购买商品后需要邮寄的,所以很容易在确定购买商品后提出包邮或者邮费取整的要求。微信圈里的买家主要以周围朋友或本地买家为主,也会提出送货或免同城快递费用的要求。

(3) 其他产品购买上的优惠。店主在推销某一商品时,可以向买家保证在购买其他商品时给予一定的优惠。这种连带购买实际上也可以增加商品的总体销量,虽然以一定折扣价格出售,也是有利润的,是典型的薄利多销的做法。

(4) 赠品上的优惠。有的买家提出价格上给予优惠的要求时,如果商品本身已经没有让利空间,则可以选择赠送一定的小礼物来替代价格上的优惠,如果赠品是其他商品的试用装还可以通过这种方式让顾客体验商品,增加购买该商品的可能性。

4. 请求成交法。请求成交法也可以叫直接成交法,是店主用简单明确的语言直接要求买家购买商品。这种方法有一定的优点,比如可以迅速完成交易、节约成交成本与时间、减少成交风险等。但是这种方式一定要在成交时机成熟时才能采用。成交时机主要体现在以下几个方面:

(1) 老顾客购买时。一般老顾客已经购买过多次商品,对于店主推荐购买的商品比较信任，因此，店主一旦提出成交要求也不会反感，至多是在价格上有所要求。

（2）买家有强烈意向时。当买家对商品有好感，在询问后流露出很强的购买意向，但又拿不定主意的时候，可以借助请求成交法帮助顾客下定决心，不再犹豫。

（3）买家有从众心理时。当周围人都认同某样商品时，或者该商品是知名杂志或明星强烈推荐时，买家一般会容易被说服，产生购买欲望。一旦在咨询该产品时，有成交的反馈，店主可以借此机会向顾客展示成交记录与好评，请求成交。

5. 保证成交法。保证成交法也可以叫作承诺成交法。在交易的过程中，为了促使买家立即成交，店主向买家允诺担负交易后的某种行为。一般来讲，店主做出的允诺内容是与商品本身性质功能无关的承诺，如商品送达方面的承诺，店主向买家承诺商品在哪个时间节点前送达；或者售后服务方面的承诺，店主向买家承诺在购买商品后能够享受到一定的售后服务。还有其他方面的承诺，如买家可以在购买紧俏商品的时候享受优先购买权，或者在二次购买该商品时享受特定折扣等。

保证成交法的使用也是要掌握时机的。一般来说，商品的单价过高，购买金额较大，风险较高，且买家对这种商品又不是十分了解时，应该使用保证成交法。这种成交法往往能够克服买家在成交过程中的心理障碍，增进其购买产品的信心。

6. 机会成交法。机会成交法也叫作无选择成交法或者是最后机会成交法。这种方法实际上是通过一种心理暗示效应让买家觉得成交机会难得，害怕失去有可能得到的某种利益，把成交时的心理压力变成成交动力从而最终实现成交结果。主要表现形式是在商品标题上或者商品的推广内容里首先标注"特价最后一天""促销最后一天""包邮最后一天"等字样，让有购买意向的买家

· 83 ·

觉得应该抓住最后的机会赶紧购买。但是需要注意的是，首先，顾客确实对某种商品感兴趣并有购买意向的时候可以使用这种方法，如果顾客对该商品并不关心，商家的一味推荐不仅不会对顾客的心理产生影响，还有可能适得其反。其次，一定要让客户觉得这确实是最后的机会，这样顾客才会尽快购买，不然顾客会觉得这种活动可能会一直持续，或者这种机会也不算很难得，有了这种想法就不会轻易下单了。最后，也是最重要的，就是千万不要用过激的语言恐吓顾客。有很多店主喜欢在推广商品时对顾客说"再不买就没了""白给的都不要"等这样的话，这种语气和语言都只会让顾客感到反感，心理上也会产生抵触情绪。

7. 赞美成交法。赞美成交法是通过店主对顾客在语言上的赞美而推动成交的一种方法。在推销过程中，店主一定要充分尊重顾客的自信心，充分了解顾客的想法，保证顾客的个性与需求，从而促成交易的有效进行。采用这种方法时一定要注意赞美的度。对于不同的顾客用不同的赞美方式，要根据每个顾客自身的特点进行有针对性的赞美，尺度也要适中，不能过于夸张，让顾客在愉悦的心情下消除戒备心理，从而轻松地达成交易，而过度的赞美和完全不切实际的夸张的赞美只会让顾客觉得不自然，不真实。

8. 效果成交法。效果成交法是指在推销过程中，店主根据对顾客的了解，直接推荐顾客所需的几种商品，并向顾客做好商品的详细介绍以及使用商品的效果分析，如果是同类商品，还可以进行对比，得出哪种商品是最适合顾客的。例如在推销化妆品的时候，有的顾客希望购买对眼睛周围细纹有所改善的产品，你可以推荐眼精华和眼霜两类商品，告诉顾客眼精华和眼霜的区别，如果顾客最终选择购买眼霜，你还可以推荐几个牌子的眼霜，针对顾客的年龄、皮肤状态、皱纹深浅程度来对比说明几种眼霜使用后可能达到的效果，并且在比较中得出最适合顾客的品牌，这样顾客就会很容易赞同你的说法，最终达成交易。

9. 用途示范成交法。在给顾客介绍商品时，如果店主能将自己亲身使用商品当作示范以图片、视频等方式展示给顾客的话，就更具有真实性和说服力。这种方法比较适合在朋友圈里销售商品，因为朋友圈里大多数的顾客都来自认识的人，他们对店主有或多或少的了解，这就比在微店上不认识的店主更觉得有可信度，再加上看到了店主自己使用商品的图片或视频，就更加容易消除顾虑。

（二）定位商品

很多人开微店、在朋友圈卖货，有人失败，有人成功，有的人明明很努力，还是卖不出去商品，原因有很多，其中之一就是没有做好商品的定位。商品的定位通俗点说就是要确定销售什么商品，选择商品的时候一定要掌握以下三个原则：

1. 什么好卖卖什么：热销商品，流行商品，大家都感兴趣的商品。

2. 有什么货源卖什么：能拿到的一手货源，成本低、利润大的货源。

3. 周围人需要什么卖什么：朋友圈里的人、身边的人能产生共鸣的商品。

（三）定位客户

你的商品适合什么样的客户，这是在商品销售前一定要弄清楚的，不同的商品适合不同的客户，在年龄、职业、爱好、经济条件等客观因素上都会有所差异。但是在主观因素上也有共同点，就是顾客的需求心理。只要是买家就有需求，就会有动机，这些需求与动机都是大同小异的。如果卖家销售的商品能够满足顾客的这些需求和动机，成交的概率就会增大。所以，要想使销售量增大，买卖赢利，就必须要掌握消费者的心理，这样才能做到"对症下药"。

消费者对商品的购买需求基本上可以分成两种类型：应用需求型和心理需求型。

1. 应用需求型客户是指消费者知道自己需要买什么，花多少钱买，是比较理智型的客户。他们对商品的要求是适用、可靠、健康、经济实惠。

（1）适用即求实心理，是理智动机的基本点，立足于商品的最基本功效。消费者在选购商品时不过分强调商品的美观悦目，而是以朴实耐用为主，在适用动机的驱动下，更侧重于商品的性能，其次才是外观、价格和品牌。

（2）可靠是顾客希望商品在规定的时间内能正常发挥其实用价值，实际上也是"经济"的延伸。名牌商品在激烈的市场竞争下能够具有优势，也是因为能够保证质量，所以，具有远见的商家总是在保证质量的前提下打开商品的销路。

（3）健康多指消费者对商品的质地要求，常见于食品类、环保材料类等。顾客要求纯天然、无添加、绿色环保等，也是出于对健康的一种保护意识和追求高质量生活的一种表现。

（4）经济实惠是追求一种性价比的心理，也可以认为是一种求廉的心理。在其他条件大致相同的情况下，价格往往成为左右顾客取舍某种商品的关键因素。折扣、特价、秒杀等这些字眼之所以能够吸引消费者的眼球，牵动消费者的心，也就是因为价格。

2. 心理需求型客户是指在某种感情动机的驱使下产生了购买意愿和冲动，而不是以实际需要为出发点来购物，是相对不理智型的客户。他们对商品的购买常常来自好奇心理、攀比心理、从众心理、炫耀心理、求新心理和情感心理等。

（1）好奇心理是指对新奇事物和现象产生注意和爱好的心理

倾向，也可以称之为好奇心。有很多消费者，在好奇心的驱使下，为了尝试和体验商品新的质量、新的功能、新的款式、新的理念而购买商品。

（2）攀比心理是指消费者在选购商品时，不是由于急需或必要，而是仅凭感情的冲动，存在着偶然性的因素，总想比别人强，要超过别人，以求得心理上的满足。看到别人买了新款商品，不管自己是否需要，价格是否划算，也一定要购买。

（3）从众心理是在客户当中比较普遍存在的心理现象。消费者在购物时缺乏主观意见，看别人都买的东西就觉得自己也应该买，看大家都在抢促销品，就觉得自己不抢就亏了，听周围人谈论什么好，就产生购买的想法，甚至看别人穿什么用什么，自己也跟着买一样的。同样，如果有购买某种商品的想法，如果别人说不好，也很容易因此而放弃。

（4）炫耀心理是指消费者在购买商品时，特别重视商品的威望和象征意义。商品要名贵、牌子要响亮，以此来显示自己地位的特殊，或炫耀自己的能力非凡。这多见于功成名就、收入丰盛的高收入阶层，但也见于其他收入阶层中的少数人。

（5）求新心理是指有一些消费者在选购商品时，只重视商品的款式和设计是不是眼下最流行的样式，追逐新潮。对于商品的质量、性能和价格等方面不做太多考虑。

（6）情感心理也是一种常见的客户心理状态，很多客户在经常购买商品的店主那里得到了尊重，在买卖交易行为之余，有了其他生活上、情感上的交流，超越了普通的客户与商家的交易关系，因此，即使对商品没有需求，也可能会看在情谊的面子上购买一些商品。现在很多微商和客户私下里都会像朋友一样相处，微信上不仅仅交流商品的问题，还会谈论其他的话题。所以很多客户也会抱着"照顾朋友生意"的想法进行消费。

· 87 ·

所以，只有把握好客户的客观现实条件和主观心理因素才能准确地定位客户，二者缺一不可。

二、售中把握原则、把握机会售出商品

（一）经营好微店和朋友圈

微商离不开微店和朋友圈，商品销售，首先要经营好自己的微店和朋友圈。下面我们来了解一下微店和朋友圈的经营步骤。

做好微商，首先要给大家留一个好的印象，不认识你的人，就只能通过头像来判定你是什么样的人，通过你的宣传来决定看不看你的商品，通过进一步的语言交流决定购不购买。认识你的人可能就会省去第一个环节，但是一样要根据你的宣传来了解商品，需要你的建议来决定使用还是不使用商品。因此一个成功的微商在销售商品的过程中，要做到面面俱到，从个人的形象设置开始，到对商品的宣传推广，再到和顾客的耐心交流，最后到售出商品前的物流跟踪为止都要做到尽心尽力，因为每一个环节都是检验你是否最终能成为一个合格的微商的标准，是顾客对你整体评价的标准，也是决定了你能否在微商之路上顺利走下去的必要条件。

1. 个人微商形象的设置。无论是现实中还是虚拟的网络中，人与人建立起良性关系的基础就是好感，这种好感，让对方愿意和你接触、交流与沟通，所以在货源、心理的条件准备就绪后就要本着给大家"好感"的原则开始打造自己的微商形象了。这种形象的最直观表现就是微信的名字和头像，因为你的微信圈里不可能都是亲戚朋友，也有些通过亲戚朋友推荐的陌生人，他们是在现实生活中对你完全没有了解的人，不清楚你的性格，不了解你的想法，甚至不知道你是哪里人，即使是亲戚朋友，也可能不

知道你最近要开始做微商，所以通过一个合适的名字告诉他们，通过一个漂亮的头像吸引他们，让你微信中的人知道你在做微商，你销售的是什么产品，这样才会在有需求的时候找到你。

　　作为一个微商，在微信上的名字必须通俗易懂，便于搜索，不要太过冗长复杂，加入许多特殊符号。有很多微商为了让大家搜索方便，在名字前加个 A，这样在通讯里找起来很容易找到，可是很快，所有微商都想到了这个方法，于是在通讯录的 A 组里人越来越多，找起来又变得很不方便了，而且都是 A，很容易让大家混淆到底哪个是你。所以你的名字一定要简单明了，你可以用真实姓名，因为在一个人的通讯录中重名重姓的比例不算大，如果你的名字实在大众，可以在名字后面加个标记，可以是个简单的符号，如王丹&，也可以是你的所在地，如王丹（北京），也可以直接标注你做的产品名称，如王丹（××化妆品），这样别人很容易就会找到你，并且知道你做的产品内容。你也可以把你的产品放到名字前，如××化妆品王丹，这样一目了然，给人的潜意识里留下比较深刻的印象，当有人想买该类产品，就自然会想到找你。

　　有了让别人一目了然的名字，最好再配一个好看的头像。如果头像选得好，会给你的新客户留下很好的第一印象。大部分人在微信中都会选择自己的照片做头像，头像照片一定要大方、清晰，给人一种亲切感和舒服的感觉。如果用其他照片，不要用过于夸张、恐怖、另类的照片，因为你的客户群可能有各个年龄段的人，有各种性格的人，大部分人都不能接受太极端的照片，选这样的照片做头像会影响你在客户心中的形象，尤其是新开发客户，很有可能就因为头像不敢买你的商品了。如果你做的是旅游产品，可以用一张很漂亮的风景照片做头像；如果做的是水果或蛋糕，可以用漂亮的水果造型或蛋糕摆拍做头像照片。如果你销售的商品并不那么美观，不需要靠外观造型吸引客户的话就尽量不要把产品的照片设置成头像照片，会让人觉得单调无味。

2. 微店的经营。如同淘宝的网店一样，微商也可以在手机上建立自己的微店。现在的微店平台有很多，包括口袋购物、微店、微信小店、京东微店等。我们以早期的微店 App 为例，用图示给大家展示如何开一家属于自己的微店的步骤。

（1）注册微店。

步骤一：首先用户要下载安装正版的微店应用，如图 6-1 所示。

图 6-1 微店图标

步骤二：点击进入后可以申请注册，如图 6-2 所示，微店 App 支持苹果 iPhone 手机、iPad 和安卓手机。

图 6-2 注册微店

现在的微店越来越正规，都是实名认证，对你销售的产品也是要求比较多，在注册时，要求填写个人详细的真实信息，如图6-3所示。

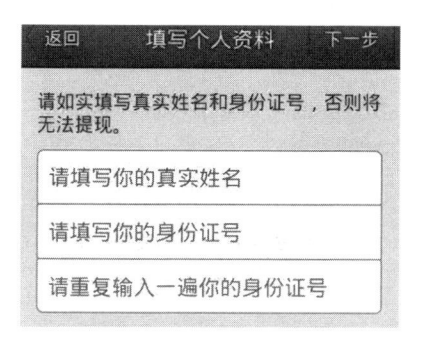

图6-3 填写个人真实资料

步骤三：确认手机号，就会到"填写验证码"界面，填写好点击下一步就可以"设置密码"，如图6-4所示。

图6-4 设置密码

步骤四：执行操作后，进入"创建店铺"界面，即注册成功，如图 6-5 所示。

图 6-5 注册成功

(2) 登录微店。微店注册成功后，就可以重复以上的步骤登录进去，上传你的商品图片，编辑文字说明，设计装修店铺等。现在的微店功能很强大，不仅能指导卖家如何推广商品和应对客户，还提供很多精选课程、专业培训帮你提高开店效率。在微店的装修管理等基础功能上也丰富了许多，把微店里的强大信息都学会也不难成为一个合格微商了。

(3) 使用微店。在手机屏幕上找到微店图标，点击进入主页面，如图 6-6 所示（我们以一个化妆品销售店主的微店为例）。

问题六 如何进行营销管理

点击这里，进入微店主页

图 6-6 找到微店图标

主页面的上半部分是店家的公告和产品图样。下半部分是微店的功能，如图 6-7 所示，可以看到客户、商品、订单和收入、消息、推广、经营分析、商学院、服务、货源、供货、为梦想打卡、卖家专属海报 12 个图标。

图 6-7 微店主页内容

· 93 ·

点开每个图标都会有很多内容可以学习。如图6-8所示，点开商品图标，对商品的上下架和库存、数量都有所掌握；点开客户图标，就可以看到你的客户管理情况，包括潜在客户、新客户、回头客等，还有日期对比统计，一目了然，如图6-9所示。

图6-8 商品管理

图6-9 客户管理

点开消息图标,可以获得最近更新的消息总体内容,还可以继续点开每个消息查看具体内容,如图 6-10 所示。

图 6-10　点击消息查看具体内容

还有很多针对商家微店装饰的服务,比如点开服务图标就可以选择店铺装修,按照你自己喜欢的风格装修你的微店,如图 6-11 所示。

图 6-11　店铺装修

你还可以随时参加主页上更新的活动，如图6-12所示，制作自己的专属海报，制作成功后可以发到朋友圈或是在其他平台上做个性推广。

图6-12 专属海报

3. 朋友圈经营。以前我们谈论起朋友圈，是一群有共同的价值观、共同的爱好和话题的人越走越近，形成的一个群体，平时一起聚会、活动，大家互相分享交流，相互学习帮助等，是现实生活中的朋友圈。而我们现在谈起的朋友圈往往说的是微信里的朋友圈，因为微信已经成为大家习惯使用的交流工具，微信聊天、浏览朋友圈，或者在朋友圈里发发自己的感想已经成为大多数人的一种习惯。只要是朋友，是朋友的朋友，是见过一面的人，是工作上的伙伴，是隔壁的邻居等，都可能相互添加微信，看到对方的朋友圈，或是被对方看到自己的朋友圈。这样的圈子，有很强大的扩张性，它不仅仅是只在线下或线上，更是把线下和线上结合起来的交流圈，很快从几个人，发展到几十个人，甚至几百个人或者更多。如果你是微商，那么恭喜你，这些微信里的好友，经常看你朋友圈的人，都可能会成为你的客户。

问题六 如何进行营销管理

其实朋友圈在某种程度上比微店更具有营销力。你的微信好友不一定天天看你的微店,但基本上会天天看朋友圈,就会看到你发布的各种信息。所以如何将你的产品发布到朋友圈上直接影响到你的商品销售,尤其是对于新手微商第一次对自己的商品进行推广来说至关重要。

(1)发圈前,我们要做好几项准备工作,首先是你的微信个人形象的设置,也就是之前我们说的微信名字和头像。有了好的名字和头像,就会给你的微信好友留下不错的印象,尤其是对于不太了解你的人。

(2)选定商品,我们在之前也提到过,可以从大型批发市场、网络等途径选择好我们准备在微信里销售的商品。

(3)为这个或这些商品拍摄漂亮的图片,再配上形象出色的文字。图片可以是自己拍摄的,也可以是借用现有的,但一定要清晰,文字也可以是复制粘贴原有的宣传广告词,也可以是自己的使用心得,有的时候自己的使用心得比单纯的商品介绍更能够打动顾客的心。

发朋友圈步骤如图 6–13 至图 6–21 所示。

图 6–13 步骤一

体验微商经营

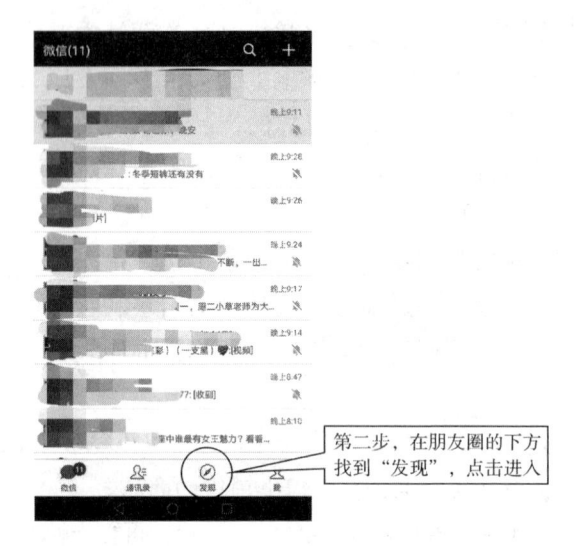

图 6-14 步骤二

图 6-15 步骤三

· 98 ·

问题六　如何进行营销管理

第四步，在你的朋友圈里，找到右上角的相机图标，点击进入

图 6-16　步骤四

第五步，如果你的照片是已经拍摄好的，可以点击"从相册选择"来挑选要发朋友圈的照片，如果照片不是已有的，还可以点击"拍摄"来拍照或拍小视频。大部分时候，我们都会选择已经加工修饰过的照片，所以我们以点击"从相册选择"为例

图 6-17　步骤五

体验微商经营

第六步,选择你要发朋友圈的图片(注意,最多选择9张,可以按照我们之前说过的选择照片的方法进行数量选定),然后点击"完成"

图6-18 步骤六

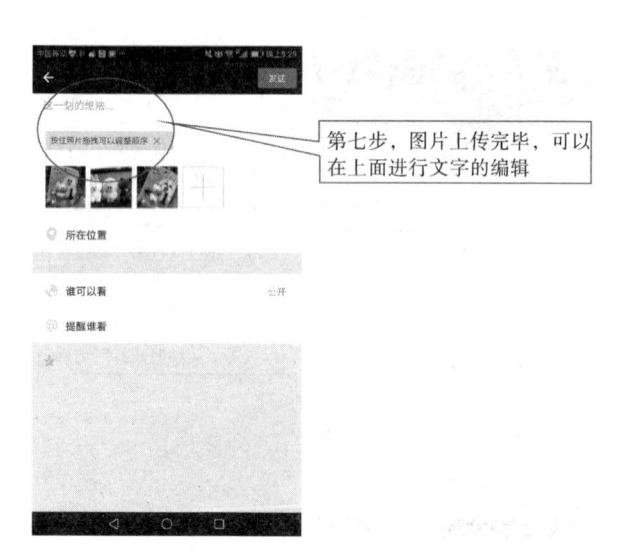

第七步,图片上传完毕,可以在上面进行文字的编辑

图6-19 步骤七

问题六 如何进行营销管理

第八步，可以选择粘贴复制已有的文字，也可以自己输入文字进行编辑。编辑好之后点击"发送"

图 6-20 步骤八

从朋友圈里就可以看到你上传的商品图片和文字说明了

图 6-21 朋友圈上传成功

· 101 ·

体验微商经营

如果你只想发文字，不想配图的话，可以在第四步的时候长按"相机"标识，直接输入文字，如图 6-22 至图 6-25 所示。

长按"相机"标识，直接进入输入文字的环节

图 6-22 按照相机图标

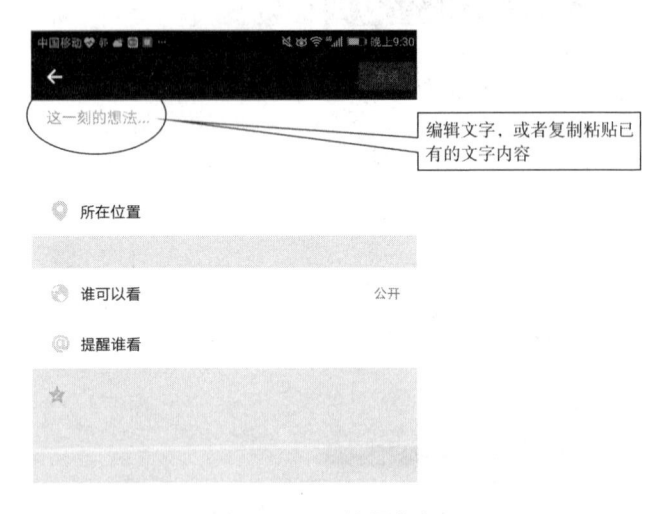

编辑文字，或者复制粘贴已有的文字内容

图 6-23 编辑内容

问题六　如何进行营销管理

图 6-24　发送内容

图 6-25　朋友圈文字发送成功

如果想进行修改或者删除，步骤如图 6-26 和图 6-27 所示。

· 103 ·

图 6-26　删除或修改

图 6-27　朋友圈内容删除

（4）选一个合适的时间把你编辑好的图片和文字发到朋友圈里。说到合适的时间，因为每个人的生活习惯不同，作息时间也有所差异，有的人上午 9 点、10 点还在睡觉，有的人早上 6 点已经到了工作岗位，有的人喜欢中午休息的时候看看朋友圈，有的人喜欢晚饭后结束一天劳累的工作再看朋友圈，所以，如果你想自己发布的朋友圈保证阅读量，就不能按照你自己的作息时间来发朋友圈，而是要按照大多数人的作息习惯，或者按照你朋友圈里大部分好友的作息时间来发，而且一天不能只在一个时间段发，因为每天朋友圈的信息量都很大，你的圈子里已经有了上百个人，大家如果都发朋友圈，你发的商品信息早就被顶到前面很远了，被大家看到的可能性就大大降低了。所以可以每天选择 2 个适当的时间集中发 1~3 个产品的广告。一定要注意，每次发布商品不能太多，最好不超过 3 个，每天发布商品时间也不要太频繁，最好不超过 3 次，千万不要刷屏，不然只会引起别人的反感。其实，有时候发朋友圈也不一定就是要为商品做广告，而是让圈里的人知道你的存在，想起你，连带着想到你的产品，这样就会主动到你的朋友圈里查看了。很多微商喜欢在早上发发开心励志的话，在配上暖暖的图片，就会带给大家很多正能量的感觉，如图 6-28 所示。

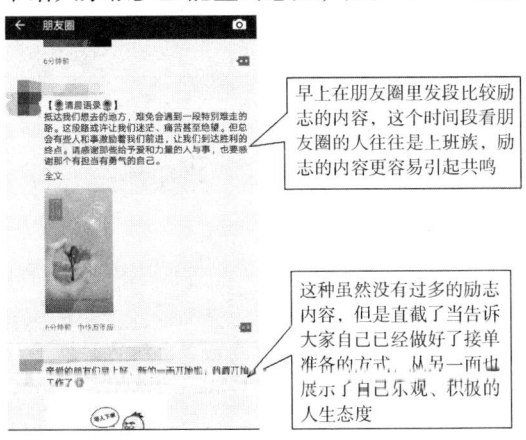

图 6-28　早上的朋友圈内容

在大家集中看朋友圈的时间段里发产品广告，最好是 2~3 个，这样比较引人注目，毕竟朋友圈的商品信息太多，连续发布 2 种或 3 种商品因为占据的空间比较大，因此，比起只发布 1 种商品更容易引起圈里朋友的注意，如图 6-29 所示。

图 6-29　发布 2 种或以上商品

需要注意的是，白天发的朋友圈也不能全部都是商品的广告，可以发一些展示自己生活信息的内容来增加他人的信任感，也可以转发一些美图美文，在转发的时候编辑一些对转发文章的看法，把自己塑造成一个有思想、有品位的人。

等到了晚上，再发个店主自己的经验说也会不错，因为没有什么比自己亲身体验产品更能打动顾客，自己用的好的产品才能获得他人的信任。还可以秀顾客订货或者反馈的图片，这些也非常容易打动朋友，如图 6-30 所示。

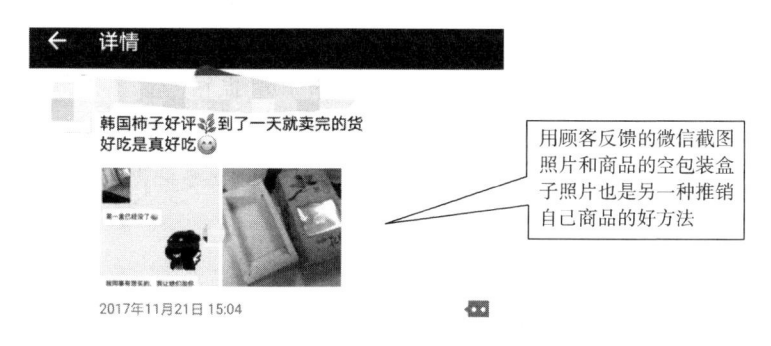

图 6-30　商品反馈内容发圈

最后，睡前再发个暖心的图片，说几句放松的话，让劳累了一天的朋友们能够感受到你对他们的关心，如图 6-31 所示。

图 6-31　晚上发朋友圈的内容

总之，只要掌握好这些发朋友圈的时间和内容的原则，自然就会有很多粉丝愿意和你互动，慢慢地也开始会关注你，关注你的产品，成为你的顾客。

【百姓说说】

每天在朋友圈里不能只发产品图片和励志的言语，这样难免让大家觉得你变成了陌生的商家，而失去了作为生活中的朋友的真实感，因此，也要偶尔发发你的生活图片，配点自己的小感想。比如你到了什么地方旅游，对什么好书有所推荐，看了哪部热门电影，在家里做了什么点心等，这些都是生活中的琐事，但是会让你圈子里的朋友感觉到你的真实性，这样也能感染更多人。

(二) 商品营销中的艺术

1. 文字艺术。微店的精华帖也好，朋友圈的文案也罢，都需要注意文字的使用，本着实事求是、主次分明、清晰简洁的原则，做到既要贴近生活，又能引人注意。

通过文字来介绍商品时，一定要以事实为依据，不能夸大其词、攻击其他品牌来突出自己的商品。也要言简意赅，突出商品的优点和重要使用信息。文字表述上要多用简单易懂的词语或者形象的说法代替专业性术语。

(1) 精华帖的创作技巧。

①选材。精华帖的题材选择最好是和自己的商品相关，如商品的使用方法、使用心得、经验分享等，这属于教程帖；也可以是创业经历，用自己的故事告诉大家什么是微商，这属于励志帖；新手卖家因为经验不足，也可以写写自己的心情、感受、经验教训等，这属于情感帖；如果文笔不够好，也可以选择转载别人的帖子，把大家关注的话题资料整理并放在一个主帖里，别人在你的帖子里就可以找到自己想要的内容，这样的帖子主要是方便别

人阅读，还能赚取点击率，这属于实用帖。

②原则。精华帖首先要符合三项基本原则，即原创、好帖、不违反发帖规则，这是一切精华帖的基础。

③形式。精华帖需要图文并茂，并且要原创。一般情况下，图文并茂的帖子比纯文字说教的帖子对大家更有帮助。那些图文并茂的教程类的帖子让人很容易学会，也就更容易获得大家的关注。

④标题。一个好的题目会引人入胜，让人一目了然，让读者有学习的欲望，通过标题而被吸引来阅读全文。

（2）朋友圈的文案用词技巧。

①日常生活词汇。在朋友圈发布内容是为了让自己的亲朋好友了解自己的近况，所以商家发布的文字一定要像一面镜子一样记录自己生活的点滴，反映自己的心情状态。

②网络流行词语。偶尔使用网络流行词语，让自己看起来不落后于时代发展的节奏，也能吸引大家的注意。

③多样化类型。朋友圈中的句子长短不受限制，可以根据心情、商品特性，把一个长句分成几个短句来表达，也可以用一个词、一个短语来表达。

④口语化语言。朋友圈中的文案不是很正式的文章，因此在文字表述上不用太多的书面语，更多使用口语，让表述更轻松。

⑤文字与符号、表情结合。如果是长篇的文字叙述，在朋友圈中很难让人耐心地读到最后，在文章中添加符号和表情就会让文字看起来不那么枯燥，因为符号和表情往往带有颜色，视觉上也不会疲劳。

【专家说说】

任何一种商品都不能满足所有人的需求，但是很多商品的广告词都夸大商品的功效，写得非常完美。虽然这样的文案广告很吸引消费者购买，但是一旦达不到广告中的效果，就会让顾客感到反感，认为店主在说谎，也就很难再继续购买商品了。

2. 语言艺术。商品交易的成功与否，很大程度上取决于卖家与买家之间的沟通与交流，买家会对商品相关问题进行咨询，卖家也会对商品进行推销，这些都是通过语言来表达的，因此语言艺术是商品营销中最重要的艺术。在与买家交流时，要注意几个原则：

（1）语气要热情，但是不要过度热情。如果有客户主动打招呼，一定要及时回复，但不要直接询问对方要买什么。因为很多客户也只是抱着询问的心理打招呼的，所以最好是先等客户发问，针对问题再进行回答，而不要一味地询问客户。

（2）多用礼貌用语。在实体店铺中，导购人员和顾客是面对面的，可以通过表情和肢体语言让顾客感受到卖家的服务态度。但是微信上的沟通，没有形象上的辅助，只能依靠亲切友好的礼貌用语，让顾客感受到我们真诚的服务态度，如"亲""您好""感谢你的光临"等，也可以在语言后适当添加一些可爱的表情，也会有所帮助。

（3）保证良好的心态。这是个很重要的原则，因为微商要面对的客户形形色色，来自不同行业，也有着不同的生活背景。所以，经常会遇到挑剔的顾客，也会遇到询问了一圈商品的价格就是不买的顾客。不管是哪一种，作为卖家都要保证良好的心态，耐心地为客户介绍，不能表现出反感或者不耐烦。

（4）介绍商品时的用词要准确、简练。因为每件商品对于顾客来说都会有优缺点，在介绍商品的时候，尽量用准确、简洁的语言对商品的优点和不足进行介绍，这样才能让客户尽快了解商品，对顾客的提问也要简要但不失对重点的讲解，这样也会让顾客对我们的服务质量给予肯定。

【百姓说说】

在顾客提出的问题中，大部分的问题都是需要在销售商品之前弄清楚的，但也有对顾客的提问不太清楚的时候，尤其是新手微商，很可能对商品的功效、性能、折扣等了解得还不是特别清楚，这个时候切记不要不懂装懂，答非所问。可以选择让顾客稍等，向其他专业同行或上级代理进行询问，或者真诚地告诉顾客自己对这个问题不是特别清楚，稍后回复他们。其实大部分客户对这种情况还是可以理解的，并没有影响对商品和服务的满意度。

（5）给客户足够的尊重。和客户交谈要注意分寸，给客户留面子。因为买家在购买商品的同时，也是在享受商家的服务，因此在沟通中，切记要照顾买家的面子，让对方感觉得到足够的尊重。尤其是在价格上，因为每个买家的消费能力不同，如果之前对买家有所了解，尽量推荐适合买家承受力的商品，而不要推荐价格过高或过低的商品。

（6）学会赞美。在和买家语言的交流中，赞美是绝对不能少的。每个人都喜欢听好话，在微信交流中运用一些赞美的小技巧，让顾客在购物过程中不仅可以买到自己中意的商品，也能让心情愉悦，更重要的是还会让顾客对你的店铺、你的商品留下好印象，最终也会成为你的忠实顾客。不过一定要注意赞美的"度"，如果过分赞美有可能起到反作用。因此，对顾客的赞美也要注意以下几点问题：第一，对新顾客不要轻易赞美，只要做到礼貌即可。因为大家还不是很熟悉，贸然地去赞美顾客，只会让其产生疑心乃至反感，弄不好就成了谄媚。第二，赞美的内容要让人感到真实，不能是敷衍的赞美，最好是对具体的事情、问题、细节等层面进行赞美，例如可以赞美其问题问得很专业，或者看问题比较深入等，这样会让顾客觉得你的赞美很真实。第三，赞美要有一定的针对性。对年纪大的顾客要赞美他的经验；对年轻的顾客应该赞美他的创造才能；对于经商的顾客应该称赞他经营有方，生财有道；对于知识型顾客应该称赞他知识渊博，宁静淡泊。

赞美的内容也可以分为如下几个方面：

①头像赞美。例如："亲，您的头像是您本人吗？您很漂亮也很有气质。"或者"您说话特别有素质，一定是一位老师吧？"这些虽然只是猜测型的赞美，猜测的结果不一定准确，但还是会让顾客觉得很开心。

②买家所在地的赞美。例如："亲，您是××市的人啊，听说那边特别漂亮。"或者"亲，您是××市的人啊，我很喜欢那个城市，我有很多朋友都是那里的。"这种赞美容易拉近和顾客的距离感，当然，这种赞美的内容也最好是真实的。

③对顾客本身进行赞美。例如，化妆品微商可以对顾客说："您的皮肤状态非常好，平时肯定特别注意保养。"或者"您的肤色很好，这几种颜色都适合。"服装微商可以对顾客说："您的眼光非常独特，这件衣服是当下最流行的款式。"或者"您的身材穿这款衣服很合适，能够突显您的气质。"

④交易后的赞美。在商品成交后，商家可以说："谢谢您对我的支持，也谢谢您对我的信任，请您放心，我们的产品质量一定会让您满意的。"或者如果遇到下单速度非常快的顾客也可以说："感谢您的支持，您真是一位豪爽的人，付款太速度了！"这时也可以配个点赞表情，会让气氛更好一些。

⑤评价后的赞美。无论是对微店商品的评价，还是对朋友圈售出商品的反馈，店主都要认真对待。在得到好评之后要及时对顾客说"感谢您的信任与支持"，或者"您的评价对我们来说就是最好的鼓励"等。

(三) 促销策略

促销是商品销售的一个重要形式，也是一种销售策略，是营销者向消费者传递有关本企业及产品的各种信息，说服或吸引消费者购买其产品，以达到扩大销售量的目的。

促销是最能吸引消费者眼球的一种销售形式，对消费者来说，能够以低于商品原价的价格购买到心仪的商品，可以满足自己的购物心理需求。对于商家来说，能够通过促销活动对自己的商品进行宣传并增加销售量，也可以实现自己的最终利益。实际是一种双赢的销售策略。但是，促销也是有原则、有方法的，不能盲目地促销，不然只能适得其反。

1. 促销的原则。无论是实体店还是微店，或者是朋友圈商品销售，在促销原则上都是基本一致的，需要掌握以下几项基本原则：

（1）要表明促销的理由。我们常常看到商家有"店庆""新品上市""庆祝销量突破100件"等主题的促销活动。这就是促销的理由，必须有一个"噱头"才可以进行促销活动，让消费者觉得是"事出有因"，增加可信度。

（2）要制定促销的活动规则。任何促销活动都要遵守一定的规则，在消费者参与活动之前，首先让消费者了解清楚商家促销的活动规则，这种规则最好是文字表述形式，内容具体，字数不要太多，不要用含糊的表述方式，避免冗长烦琐，要用简明扼要、通俗易懂的语言来表达。

（3）要规定促销的享受条件。如果一项优惠活动每个人都可以享受，没有任何条件限制，那么这个优惠活动也就失去了吸引力。作为一个消费者，如果你有资格享受某项优惠，而你身边的其他人却没有这个资格，你是否会觉得这项优惠对你更有吸引力呢？

（4）要设定促销活动的期限。现在很多商家一年四季都在做促销活动，没有明确的截止日期，每天都说是活动的最后一天，这只能让更多的消费者对你的促销活动产生免疫力，也就不会相信你的价格真的是活动价格，长此以往，不论是什么主题的促销活动，都不会引起消费者的兴趣了。

（5）要保证促销活动的标题醒目。如果在微店里做促销活动，可以在主页的图片上加上促销活动的字样，这样浏览商品的人，很容易注意到你的店铺在做活动。如果是发朋友圈，也可以通过图片、表情、符号等吸引消费者的目光，让你的促销信息更醒目，不至于因为朋友圈的信息量过大而被朋友们落掉。

2. 促销的商品选择。选择用来做促销的商品也是有要求的，不是任何商品都可以拿来降价做活动。首先，促销的商品必须是主营商品，例如，销售化妆品的微商，促销的商品就应该是化妆品，而不是服装。其次，用来促销的商品一定也是质量过关的正品，或者和正价商品性能相当的商品。因为促销的同时也希望顾客可以对该商品进行二次购买，如果质量差或者是假货就很难取得顾客的信任，还有可能招来中差评，这对商品销售的长远发展是相当不利的。最后，也是最重要的，被选来做促销的商品最好是大众消费的商品。如果选择的商品都是一些没有多少使用者的冷门商品，甚至是卖不出去的商品，即使促销价格低，也因为不适用而缺乏吸引力，这样的商品最后只能做清货处理，不能给你的销售带来流量和人气。

3. 促销的时机选择。选择一个好的时机就意味着促销活动成功了一半。促销不能一年四季都在做，也不能想做随时就做，而是要审时顺势，借助一个适当的理由来进行。常见的商家促销时机有新店开业、周年店庆、节假日促销、换季促销、反季促销、新品上市等,如图 6-32 所示。

图 6-32 促销时机

(1) 新店开业。一般来说,新手微商无论是微店新开业,还是开始在朋友圈做生意,都会打一些感情牌。主要的形式之一就是开业促销活动,商品打折或者赠品活动等,这样做既是为了商品的销量,也是为了商品的宣传。常见的宣传语有"新店开张,全场 9 折",或者"从今天起,我就要成为一名正式的微商了,希望大家多多支持,欢迎大家关注我的商品,现在购买或预定都可以享受 8.8 折优惠"等,如图 6-33 所示。

(2) 周年店庆。实际上很多商家和店铺是否真的经营了 1 年或者 2 年,是不是真的因为周年而做店庆活动并不重要。重要的是这可以成为一个促销活动很好的理由。这种促销虽然对新客户也有优惠,但大多数都是为了回馈老客户,因此对维护客户的稳定性有很好的效果。常见的宣传语有"店庆大酬宾""周年店庆,真情回馈"等,如图 6-34 所示。

图 6-33　新店开业

图 6-34　周年店庆

（3）节假日促销。中国的节日是很有气氛的，中国人也对各种节日比较重视，而且节日时，大多数人都会休假，有一定的空闲时间。所以在节日来临的时候，按照不同节日的主题也可以做促销活动。常见的传统节日促销会选择在春节、中秋节、国庆节几个比较大的节日，这些节日是采购年货、互赠礼物的主要节日，选择在这些日子做促销能迅速提升销量。还有些年轻人比较喜欢的节日，如七夕节、情人节等，这些节日，针对年轻消费群体的商品或者情侣商品比较热销，如果做活动，也肯定收益颇丰。也有像光棍节（也叫"双十一"）这样的近年来非常受欢迎的国际性节日等，在这样的节日里，像淘宝、天猫、京东、当当等电商纷纷推出优惠活动，微商自然也不能错过。据很多微商反馈了解，"双十一"当天的订单成交额明显高于平时。

【专家说说】

"双十一"是指每年的11月11日，由于日期特殊，也被称为光棍节。从2009年开始，每年的11月11日，以天猫、京东、苏宁易购为代表的大型电子商务网站一般都会进行一些大规模的打折促销活动，以提高销售额度，成为中国互联网最大规模的商业活动。

在其他有些国家也会过光棍节，并且在节日当天会有商品促销，如韩国。也有一些国家会有类似于这样的节日，比如美国的"黑色星期五"。

（4）换季促销。换季促销是一门学问，不能单纯地根据季节性的改变而给商品定性。店主需要有清晰的门店定位，科学的品类管理，更需要灵敏的市场洞察力，这样才会合理地分类商品，将过期的商品果断地处理，快速达成促销目标，避免压货。换季促销比较典型的商品类别就是服装类，季节性比较明显，流行度也更新比较快，代表性也比较显著，像当年当季特别流行的款式，如果不及时处理掉而留到第二年，很明显就会被客户定义为"去年流行款"而被淘汰，这样也容易造成资金积压。再比如化妆品类,如果夏季适合的护肤品到了秋季还没有卖就要考虑换季促销了,因为虽然化妆品没有像服装那样鲜明的流行特点,但是一旦经历秋天、冬天和春天再进行销售就不能保证日期的新鲜,有些消费者比较在意商品的生产日期,所以典型的季节性化妆品最好在换季的时候也促销出去比较好。

(5)反季促销。反季促销主要是指一类商品已经过了最适合使用的时机,或者说已经到了完全使用不了的相反时机的条件下做的促销活动。虽然消费者会承担一定的囤货风险,但是如果活动价位非常划算、活动赠品比较丰厚,很多消费者还是喜欢冒这样的风险的。所以这种促销时机一般适合容易过时而被囤货的商品,折扣一定要比其他活动要低一些,虽然利润不多,但是会有益于资金回收。如图6-35所示。

图6-35 反季清仓

(6)新品上市促销。作为微商,要保证定期有新的商品上架或推广,不能让微店里的商品种类过少和单调,在朋友圈里也要定时地发布新品,这样才会引起消费者的注意,让客户有新鲜感,也会为自己的商品造势,增加人气。当浏览量增加了,即使消费者没有购买新品,也因为顺便看了店铺里的其他商品或者对你的个人相册里的其他商品产生兴趣而进行消费。有的店主还把新品与其他商品搭配促销,也是一种不错的方法。

4. 促销的方式选择。促销的方式有很多种,是商家根据商品的自身特性结合自己销售实际情况采取的夸大商品宣传和增加商品销售量的一种活动方式。在实际活动中,商家可以选择1种促销方式,也可以选择2种或3种叠加的促销方式。

(1)折扣促销。折扣促销也被称为打折促销,是根据商品原价确定让利系数后,进行减价销售的一种方式,是最常见的一种促销手段。

(2)一元秒杀。一元秒杀就是在活动期间,顾客可以花1元钱买到价值几十元甚至上百元的商品。从表面上看,这种方式完全是亏本的做法,但实际上通过这些商品可以吸引很多的流量,而一个客户如果购买了一件1元商品,那他同时再购买店铺中其他商品的可能性是很大的,因为合并邮寄只需要付一次邮费。还有的顾客虽然没有选择一元秒杀的商品,但是会加深对你的店铺和商品种类的印象并收藏店铺,经常光顾和期待其他优惠活动。

(3)限时抢购。限时抢购就是让消费者在规定的时间内自由抢购商品,这些商品大多以超低价进行销售。这个促销方式的时间不宜过长,应该让顾客感到意犹未尽却时间已到。这样在限时结束之后,顾客很可能会在你的店里和朋友圈里继续逛一逛,这就给你的店铺和商品带来了急剧的人气和潜在客户。

(4)阶梯价格。阶梯价格就是如同阶梯的变化一样,随着时间的推移,商品的价格也随之变动。例如,新品上架第一天按5折销售,第二天6折,第三天7折等直到恢复原价。这样会给顾客造成一种紧迫感，认为越早买就越划算，同时也帮助了犹豫的消费者下定决心。

（5）错觉折价。错觉折价就是给顾客一个错觉，认为购买的商品不是打折商品，而是原价商品，只不过是因为商家在搞活动，给顾客让了一点利润而已。例如原价 100 元的商品，全场 8 折，和以 80 元换购 100 元商品的结果是一样的，但因为表述不同，容易造成错觉，让顾客认为买到了超值的商品而得到心理满足。这种方式主要针对对数字敏感而对折扣不敏感的消费者。

（6）临界价格。临界价格主要是在视觉上和感觉上让消费者有错觉的一种价格，比如 9.9 元，让人第一感觉是没有超过 10 元；99.9 元让人觉得还没过百，都是比较容易接受的。

（7）捆绑促销。在商品销售的时候，我们经常会发现，如果买一件商品就是原价，而买 2 件或者 3 件该商品，折扣就会很大，这实际上是通过捆绑销售的方式促进销量，如图 6 - 36 所示。

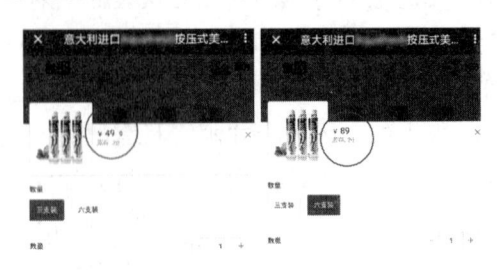

图 6 - 36　组合数量决定价格

（8）赠品促销。赠品促销是除折扣促销外第二常见的一种促销方式，只要顾客购买了促销的商品，或者购买商品达到一定金额、一定数量就可以获得某种赠品。有的赠品还可以多买多得。这种促销方式的优点在于能够增加顾客的好感、刺激顾客的购买欲望、转移顾客对商品价格的注意力，还能增强促销力度、宣传品牌气势。一般赠品都会随商品一起包装同时邮寄，但也有商品，如大型家电类商品，由于包装限制等问题不能与赠品同时包装邮寄，这时也可以选择分别邮寄。

【百姓说说】

赠品的选择也是有学问的，虽然是作为促销活动而送出的商品，但是也要保证质量，还要考虑到顾客的喜好、性别、职业等客观条件的不同。在价格上，不要太贵重，体积上不要太大，最好方便随商品一同邮寄。概括来说，就是质量好、美观实用、价格不高、方便邮寄。

（9）积分赠送。为了更好地稳固客户，很多商家会采用积分的方式进行礼品赠送和销售商品。这种方式目的明确，也可以通过累计积分的方式来确定赠品的价值和被赠送的对象。

（10）包邮促销。包邮基本上属于商家中比较普遍的一种促销方式，而且大多数会与其他促销方式一起进行。在快递选择上，商家一般会选择自己比较方便的，最好是有长期合作的、邮费价格优惠的快递。一般不能由顾客指定快递公司，而且如果是偏远地区或者是要求用顺丰邮寄的顾客还需要补齐邮费差价。

（11）会员特价促销。这种促销方式一般只针对会员，也就是老顾客，而且有的商家还会根据消费金额把会员分成几等，每一个等级享受的优惠有时也会有所不同。这种方式有利于刺激消费者为了得到特价，升级自己的会员等级而对商品进行消费。

（12）特价日促销。有的商家会在每个星期或者每个月设定一天或几天为商品特价日，在这期间购买的商品会以比较优惠的价格获得。但是，这种特价日促销一般适合食品类、大众消费品类，这类商品一般需求量大，不在特价日也一样有固定的销量。如果是购货周期长的商品，最好不要采用这种方式，而且特价日最好是一天，不要设定时间过长，不然就变成了长期促销的方式，让消费者产生"不等特价日不买商品"的心理。

(13)互动促销。这种促销方式比较适合朋友圈里销售商品，商家在朋友圈里抛出一个大家感兴趣的话题进行讨论，吸引消费者的注意力，如果谁的创意好、观点独到或者评论受欢迎就可以获得低价购买某种商品的资格。这种方式也许最后的成交结果不如预期，但是会为你的商品在朋友圈中得到超乎想象的宣传力起到很大帮助。

(14)点赞促销。这种方式属于朋友圈中增加商家人气的一种方式。商家会在朋友圈发布点赞获得商品的活动规则，例如："在晚7点前点赞的第8位、18位、28位、38位朋友可以免费获得某种商品。"时间截止后，商家截图公布获奖顾客名单，以示真实。一般来说，这样的方式下，做活动的商品价格不会太高，也需要符合条件的顾客自己承担邮费。如果自己的商品价格过高，有的商家也会选择自己销售的商品之外的其他商品来做活动，这种方式也是靠吸引大家的注意力来为自己的商品增加人气。

(15)群红包促销。现在很多商家会在微信里建立一个客户群，一般群名称会定义为"红包群""福利群""VIP群"等，在一定的时间段连续发放多个面值不大的红包，每个红包的领取人数要视群人数来定，不要过多，一般占群人数总数的1/5、1/6就可以，这样才会激发顾客抢红包的积极性。在发红包的同时或红包雨结束之后向群里发送促销商品的图片，很多顾客因为刚抢红包，或者期待还有下一个红包就会一直留在群里，关注商家所发的促销商品，遇到感兴趣的商品就会购买。

5. 失败的促销。促销是对商品销售来说非常有效的一种手段和方式，会给商家带来销量和利润，但是也有的商家一味地降价销售、常年的折扣促销，反而容易步入促销的误区。尤其是新手微商，刚开始经营微店或者商品推广，往往会喜欢做些促销活动，一不小心就会陷入错误的促销方式中。因此，做促销一定要注意以下几点，绝不能成为失败的促销：

（1）长时间打折减价。长时间的打折减价只会让自己的销售利润越来越薄，还会让消费者越来越不信任你的商品价格。

（2）忽视促销商品的质量。促销活动的商品也必须保证质量，包括赠品也是如此，如果质量不好，顾客很难再进行二次购物。

（3）选择多种促销手段。促销手段要灵活多样，这样才会吸引客户的注意力。不过也不能不间断地做各种不同促销，会让顾客觉得眼花缭乱，没有耐心关注你的商品。

（四）不同顾客的应对技巧

商品开始销售，就会涉及与不同类型的客户打交道，作为商家也应该因人而异地对待顾客。

1. 豪爽型顾客。有的顾客在询问商品时直奔主题，把自己的需求告诉店主，也有的顾客让店主推荐适合自己的商品，但是这两种顾客在决定购买的一刻起，就不拖泥带水，甚至打款也是很速度的。针对这种顾客，不要推荐过多商品，交流时候也切记不要啰唆，一旦顾客付款要尽快发货。

2. 优柔寡断型顾客。有的顾客在听完店主的推荐和说明后，仍然拿不定主意，不知道买还是不买，也不知道该买哪个。针对这样的买家，店主一定要耐心讲解，尽量比较各种商品，突出特性和差异，可能的话直接推荐其中一款给顾客。

3. 随和型顾客。这类型顾客是最好相处的，对商品细节也没有什么挑剔，很容易被商家说服，但是交流的时候也要保持耐心，语气平和。

4. 挑剔型顾客。喜欢挑剔的买家着实最让人头疼，总是抱着不信任的态度，有问不完的问题。对待这样的顾客一定不要生气，要耐心倾听,也尽量不要反驳,可以举些实例说服顾客。

5. 慢性子顾客。遇到这种买家千万别着急让她下单,也许今天她只是咨询,明天才会决定买不买,后天才会下单,一定要耐心地等下去,每次顾客发问,都要及时回复。

6. 讨价还价的顾客。这种类型的顾客比较多见,一般可以分为两种。一种是习惯性压价,在生活中无论购买什么东西都要先压价,也不管店主是否标明"拒绝还价"的提示牌。针对这样的顾客,只能稍微地给一点优惠,比如包邮、给赠品,或者商品价格抹零等,只要在不损害店主自己利益的情况下,让这种顾客也可以在心理上得到一点平衡,不然这种顾客绝对没有二次购物的可能。另一种是比价过后的压价,这些买家通常喜欢在询问价格后再到网上或别家找到同款商品进行比价。针对这种顾客也可以在不损害自身利益的情况下适当做出让步,但是一旦价格过低,甚至比自己的进货价还低,就需要耐心和顾客解释,可以简单介绍是因为进货渠道等原因产生的价格差异,如果在听完解释后,买家仍然要再考虑或者压价,店主也可以让买家再考虑下再做决定,实际上也是商家给出的比较委婉的拒绝方式。

7. 微信购物新手顾客。第一次在微信上购物的买家比较谨慎,即使是朋友推荐过来的也是对商品和支付方式、邮寄方式等有很多的疑问,有的时候在下单和收到商品之后还会针对细节进行询问。还有的时候询问的问题内容很难让店主做出准确回答。针对这种顾客,一定不要急于回复,先了解顾客的整体情况,再进行耐心讲解,还可以送些小的赠品,让顾客觉得贴心,以后很有可能会成为固定客户。

8. 喜欢闲聊的顾客。有的顾客不一定购买东西,平时也会向店主咨询很多问题。其实这是顾客出于对店主一定程度上的信任,认为店主比较专业,可以给出实用性的建议。因此,针对这种顾客，不要因为不买商品就拒绝回复，或者拖延回复，而是要尽量细致耐心地讲解，如果实在忙不开，可以先和顾客说明，一有时间立即回复，这样才会牢牢地抓住顾客。

三、售后的注意事项

除了售前的准备和售中的服务，售后的工作也是很重要的一个环节。顾客下好订单付款后，商家要开始准备商品的包装和发货，选择好快递公司发货以后，第一时间把快递单号发给顾客，方便顾客随时查询。同时，卖家也要时时跟踪物流进度，一旦货物送达，要主动和顾客联系，询问是否收货，对商品是否满意等。顾客如果想要退换货，也要认真对待，以平和心态处理问题。

（一）快递的选择与发货

1. 快递选择的注意事项。在微店购物过程中，物流作为一个必不可少的环节牵动着买卖双方的心。物流速度的快慢、服务态度的好坏也会影响到商家的生意。因为在很多消费者的意识里，快递公司都是和商家有所关联的，所以，商家必须要找一个好的快递公司。

（1）看速度。每一家快递都有其优点和缺点，在初期，可以多尝试几家快递进行比较。对于客户来讲，商品越快到达就越好，所以商家在选择快递时首先要考虑快递的速度，在保证质量的前提下尽量选择发货速度最快的。

（2）看价格。其次要看快递的价格，开始做微商的时候，发货量不大，所以很难拿到快递的最低价格，等合作时间久了，单子多了，就可以和快递公司谈价格了，尽量拿到比较低的折扣。

（3）看服务。在速度和价格都差不多的情况下，还要对比谁家的服务好，服务好不仅仅指对买家的服务态度，还包括与卖家合作时候的态度。

（4）看网点。最后还要注意尽量选择使用网点比较多的快递公司。如果网点不多，很多地区不能顺利送到，还要中转其他的快递公司，造成送件延误，还有丢件的风险。

2. 常用快递种类。

（1）平邮发货。平邮是最普通、常见的邮寄方式，到达范围广、价格比较便宜（一般首重 6~7 元）。但是速度慢、需要收件人到邮局自取。

（2）快递发货。快递发货是商家和买家都比较喜欢选择的方式，速度快，比较安全，网点相对较多，发货后可以从网站上随时跟踪商品物流进度。但是比平邮相对费用高些，如果是顺丰，速度最快，费用首重一般是 23 元，其他快递，比如中通、圆通、韵达、申通等速度不如顺丰，首重会比顺丰便宜，一般省内 8~10 元，省外 10~15 元。

（3）EMS 发货。EMS 是指中国邮政的特快专递业务，其速度与快递公司差不多，优点是可以派送到任何其他快递公司运输不到的地区，所以一旦有快递公司派送不了的地方或者比较贵重的商品可以选择 EMS。

总之，不管是哪家快递，服务态度都取决于公司管理和员工素质，只要是能讲求信用，保证商品安全、按时送达就可以选择。

【百姓说说】

很多商家也比较喜欢选择离家比较近的快递公司，这样送货、取货、换货都比较方便。即使不是大的快递公司，只要服务到位，价格优惠，也都是可以选择的。

3. 处理快递运输纠纷。在通过快递公司发货的过程中，偶尔也会遇到快件损坏或丢失的情况，虽然这种情况很少见，但是一旦发生了，就应该尽快联系快递公司协商赔偿或解决，同时也要给买家一个良好的解决方式,不能因为快递的原因而延误买家收货。

(1)运输过程中快件损坏。如果快递公司在运输过程中损坏商品,那么买家是不能签收的,因为一旦签收就表示快递公司本次运输任务完成了,不再承担任何责任。因此对于易碎品等,商家应该在发货前就告知顾客,一定当面验收,一旦破损就要拒绝签收。

因为运输过程中造成商品损坏的概率非常低,所以大部分商家在邮寄商品前不会对商品进行保价,一旦出现情况,需要要求快递赔偿的话,得到的赔付金也不会太多。因此在邮寄前对易碎商品等做好结实防碎的包装是很有必要的。

(2)运输过程中货物丢失。运输过程中,快件丢失的情况也很少见,一旦出现,商家一定要联系快递公司进行协商解决,同时还要为顾客补发商品。要求快递公司赔付的过程比较耗时和复杂,所以如果商品本身价值不是太大,只要快递公司给一个合理的赔付就可以解决;如果商品价值高,快递公司赔付的金额过低,也可以考虑通过法律途径解决。

4. 同城交易。很多客户是和商家住在同一个城市的,如果离得比较近的话,或者是比较熟悉的人,商家可以选择面对面交易;如果离得比较远,又不方便直接见面的话可以选择同城快递。同城快递一般费用比较低,大多数都是5元起,再根据距离的远近适当加价,基本上都能保证当天送到。

(二)认真对待客户反馈

售后交流,及时掌握客户的反馈意见是很多商家容易忽视的问题,许多店主觉得交易已经成功了,商品也顺利收到了,就不用再和顾客联系进一步交流了。实际上,如果商家能够及时在售后联系卖家，询问顾客的使用情况，请顾客对自己的商品和服务提出宝贵意见的话，更容易打动顾客，会让顾客感受到被尊重和重视，日后购买相同的商品时一定还会选择这个商家。

（三）保证良好的售后服务

良好的服务态度可以体现出商家的内在修养和素质，虽然顾客已经下单付款，或者已经顺利签收商品了，商家还是要以真诚、耐心、良好的态度对顾客进行售后服务。这样才能带给买家非常好的购物体验，得到买家的好评，从而留住顾客。售后服务的内容大致可以分为四部分，如图6-37所示。

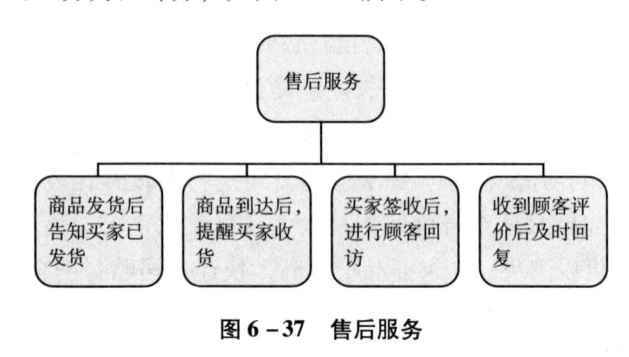

图6-37 售后服务

一旦出现顾客需要退换货的话，首先要保持平和的心态，弄清楚退换货的原因，积极寻求解决的方法。常见退换货原因、解决方法和预防措施可见表6-1。

表6-1 常见退换货原因、解决方法和预防措施

退换货原因	解决方法	预防措施
商品本身质量问题	痛快地答应买家的要求，立即退换货	在发货前认真检查商品质量，仔细包装

续表

退换货原因	解决方法	预防措施
买家个人喜好而引发的退换货	积极沟通解决。如果已经事前讲好不退不换,可以安抚顾客,好评返现等让买家心理平衡	如果商品本身存在样式、颜色等差异,商家在销售前最好和买家介绍清楚;或者直接说明因为个人喜好问题不退不换
实物与照片差距过大要求退货	如果差距实在太大,只能选择退换货	尽量选择实物实拍,不要选择网络上的照片,也不要过度修图,避免造成不必要的矛盾
因规格尺寸不符而要求退换货	尽量选择换货而不退货,换货的来回邮费可以与买家协调	在商品销售中,把商品的尺寸规格介绍清楚,越详细越好

问题七　如何进行客户管理

【导读】 对任何商家来说，顾客就是上帝。虽然服务有时很难做到让所有顾客百分之百满意，但是只要掌握服务客户的宗旨——"诚信当先"，问心无愧地服务于客户，与客户交流时能换位思考，设身处地地为客户着想，就一定会得到回报。

一、与客户沟通的基本原则

沟通是卖家与顾客之间建立良好关系的基础，通过有效的沟通能增加顾客对卖家的信任感，帮助卖家更好地维系客户。

（一）将心比心，换位思考

作为卖家，不能以居高临下的态度面对顾客，而是应该站在顾客的角度考虑问题，这样才能知道顾客的内在需求是什么，你提出的观点和对商品的说明才能得到顾客的认同。

（二）礼貌待客，尊重顾客

对待顾客，一定要使用礼貌用语，主动和顾客打招呼，在顾客购物后也要表示感谢。不要反驳顾客的观点，积极主动地替顾客解决问题，让顾客感觉到你是全心全意地在为他们着想。

(三)善于倾听,认真解答

很多顾客在购买商品的时候会提出各种各样的问题,要善于倾听顾客的提问,不要打断顾客的发问,当顾客发问结束后,要针对问题耐心地进行解答,这样才能抓住顾客的心理,增加顾客对你的信任感。

(四)控制情绪,接受差评

如果在交易结束后,得到了买家的差评,也不能抱怨、生气,甚至质问买家,投诉顾客。这样冲动的做法只会带来反效果,出现问题一定要抱着积极的态度去解决,心平气和地与顾客沟通,接受顾客的批评,如果确实是自己做得不好,就要虚心接受,改正错误,只有这样,才会提高服务质量,让顾客感觉到你是个不错的卖家。

二、针对不同客户的管理方法

微商的客户不仅仅是身边认识的人,还有很多来自全国各地的陌生人,年龄、性格、职业、收入、社会背景不同,在购买商品时候的表现和要求也都各不相同。面对不同的客户,商家也要采用不同的方法积极应对,这样才能保证既尊重客户又能销售出去商品。

(一)理智型客户

这种类型的买家在购物过程中原则性比较强,思维清晰,有一定的目的性,购买商品的速度快,付款也快。

这类买家一般学历比较高,自律能力强,买东西比较理智。

他们关注的重点是商品的性能和自己是否对商品有需求，只要商品的优缺点在自己能够接受的范围内，就可以接受并购买。并且他们对商家也很负责，会在收货后及时评价和给予简单的评论。

这一类型的客户是商家比较喜欢的，应对的时候，只要推荐给他想要的商品，做好商品利弊的专业性介绍，就可以顺利应对。反之，如果店主强行推销，或者在介绍的时候夸大商品的优点，就会引起这类买家的反感。

（二）冲动型客户

这种类型的买家在购物过程中没有明确的目的，全凭瞬间产生的一种强烈购买欲望而购买商品，付款速度快。

这类买家一般以女性为主，买东西主要依靠直观感觉，新产品或者是流行商品对她们的吸引力最大。在购买的时候也很少进行比较，能够很快做出购买决定。

应对这样的客户可以按照她们的喜好推荐商品，尤其是外观漂亮、广告宣传力度大的商品，让顾客看到后就会产生想要的冲动。另外，这样的顾客在浏览店铺的时候比较注重店铺的装修设计，漂亮的、可爱的、雅致的风格对她们来说比普通的店铺设计更有吸引力，所以商家也可以把店铺和商品的展示图片做得漂亮一些来吸引这类顾客。

（三）谨慎型客户

这种类型的买家特点是考虑问题比较细、比较多，怀疑心比较重，挑选商品的时候很慢，付款也比较慎重。

这类买家在购买商品的时候喜欢做比较，同款商品间的比较，价格上的比较等，比较之后还是很难下定决心，有可能在付款前又因为犹豫而中断购买，甚至买了之后还担心自己是否上当了。

应对这样的客户应该让他们感觉商家是其最诚实而热情的朋友，对待顾客提问也要耐心细致地解答，不要因为顾客的优柔寡断而不耐烦，在交流中尽量让顾客放松下来，适当的时候也可以给予一些有力的证明，消除顾客的顾虑，如产品合格证、其他买家的好评内容等。

（四）感情型客户

这种类型的买家特点是忠诚，比较重情义，在购物过程中首先考虑的是个人的感情。

这类买家大多是店主的朋友或者通过购买商品建立起一定的友情，除了购买商品也会和店主有其他方面的交流，对店主有强烈的信任感，会定期进行商品回购，流失率比较低，可以算是比较忠实的顾客。

应对这样的客户就要让买家感受到你们之间的情感完全超越了交易本身。除了购物的时候也要常常主动联系这类买家，或在购物的时候给予一定的优惠或者格外赠送一些小礼物等，让顾客感受到朋友一样的关怀。

（五）随意型客户

这种买家的特点是比较随和，什么事都好商量，也比较没有主见，比较依赖店主的推荐。

这种类型的客户在购买商品的过程中不太表达自己的主观意见，对商品的详细功能也不是太关心，喜欢把决定权交给店主，让店主推荐，觉得差不多就可以接受并付款。

应对这样的客户要求店主给出专业的意见，主动帮助顾客做决定，让顾客感觉你既为他节省了时间又推荐了非常合适的商品给他，但前提是一定要让顾客觉得你是专业的，值得依靠信赖的

· 133 ·

才可以这样做。

(六) 贪婪型客户

这种买家的特点是喜欢压价、挑剔、稍不满意就要求退货、赔偿等，付款也比较慢。

这种类型的客户在购买商品的时候问题比较多，先询问质量，如果觉得质量可以了又会询问价格，还要进行多家的比较，询问店主为什么商品卖得贵，如果觉得商品卖得便宜了，又怀疑商品是不是不保真。决定购买了就开始狠命压价，要求包邮、赠品等。

这一类型的客户是卖家最不希望遇到的，应对这样的买家只能耐心讲解，注意保留聊天记录、图片等，以免事后麻烦。

(七) 从众型客户

这种买家的特点是没有太多主见，对商品自身质量等问题的关注度不如对这款商品有多少人喜欢来得多。

这种类型的客户在购买商品的时候问店主最多的不是商品的性能、价格，而是有多少人关心这款商品，多少人购买这种商品，以及买了商品后的评价如何。如果很多人都喜欢这款商品，是非常流行的话，就很容易下决心购买。

应对这种类型的客户在沟通的时候要用积极的态度展示商品的优势、功能和销售记录以及别人的好评。

(八) 骄傲型客户

这种买家的特点是非常的自信，认为自己就是上帝，不管买不买东西都必须得到足够的重视。

这种类型的客户在购买商品时比较霸道，认为自己的观点和看法就是最对的，不容许店主反驳，对商品也相对比较挑剔。

应对这样的客户要尽量顺从他的意思,倾听客户畅所欲言,也可以适当地给予迎合和赞扬,满足他们的心理,在气氛最好的时候再推销商品。

三、与顾客相处中的禁忌

在与客户交流的时候,有一些禁忌是绝对不能触碰的,否则就会失去客户,也会毁掉整笔交易。

(一)忌争辩

商家在与客户交流的时候最忌讳的就是反驳客户的意见与想法,如果客户提出的意见确实与实情不符,也要耐心解释,以诚恳的态度说服客户,而不是与其争论。就算最后争论赢了,结果也是失去客户。

(二)忌冷淡

与客户沟通,态度一定要积极、热情,多用礼貌用语,对顾客的问题要第一时间回复,不能爱答不理,也不要惜字如金,适当可以加入活跃气氛的表情,让客户感觉到你在全心全意为他服务,这样才不会失去客户。

(三)忌急躁

有的客户问题比较多,或者对商家的解释不是很清楚,喜欢反复询问,这时候千万不要不耐烦,或者干脆不回复。否则客户会因为得不到重视而放弃购物。

(四)忌直白

有的客户咨询的问题比较个体化,例如:"我皮肤适不适合擦这款面霜？"这时候如果客户的肤色比较黑，商家也不要直白地告诉客户因为皮肤黑而不适合用，最好委婉地推荐另一款商品给客户比较好，可以这样说："亲，您的肤色更适合用另一款呢，比之前的那款功效更多，更受欢迎哦。"这样说的话既保留了客户的面子，又成功推销了商品。

（五）忌吹捧

在与客户交流的过程中，应该本着实事求是的态度来介绍商品，可以适当地夸张或修饰，但是不能大肆吹捧，无限放大商品的使用效果，这样只会让客户觉得缺乏真实性而质疑商品，最终也很难下单购买。

四、如何维系老客户

老客户是商家的财富之一，发展新客户固然重要，但实际上为了发展新客户所花费的宣传、促销等成本要比维护老客户昂贵的多。而且因为信任感，老顾客不太可能会轻易更换店铺购买东西，同时，很多新客户也是老客户推荐来的，所以，老客户对一个微商来说是十分重要的，商家也要在如何维系老客户的问题上多花些心思。

（一）与老客户建立感情

有很多客户在购买商品和店主进行交流的时候，因为店主的细心讲解和诚意而被打动，不仅成为经常回购的老客户，也和店主建立了一定的感情联系，当有相关问题想咨询时，就会想到要让店主帮忙，也会经常浏览店主的朋友圈进行点赞和评论。店主对这样的客户一定要精心维护，在微信上要保持互动，对顾客提出的问题，即使不是商品相关的问题，也可以从一个朋友的角度来共同讨论和进行讲解，因为这样的客户绝对就是你的忠实客户。

（二）给老客户特殊的优惠政策

除了促销之外，有时候老顾客买东西，要主动提出赠送一些小礼物或者推荐一些当下非常流行的商品，只对老顾客有折扣，这些做法都会让老顾客感到自己的特殊性，在商家这里得到了 VIP 待遇，自然下次还是要来这里买东西的。

（三）建立一个老客户群

建立一个只有老顾客的微信群，定期在群里与老顾客互动，不要总发广告，而是要分享一些商品相关的小知识，或者有哲理的美文等。如果有新品销售，或者近期要做促销活动，可以在群里提前通知老客户，让他们感觉自己有优先权。而且定期也要发发红包，单个红包的金额不用大，但是数量尽量多点，让老客户们基本都能抢到红包，活跃群里的气氛，这样老客户才会时时关注商家的动态。

（四）建立老客户档案

为客户建立档案是客户管理的一个不可缺少的内容，尤其是老客户，每一位老客户的年龄、职业、兴趣、习惯、购买商品的偏好等都要有所记录。这样不仅方便老客户在回购的时候，可以根据其特点推荐适合的商品，还可以对于回购商品达到一定数量或金额的客户进行再次奖励，让客户感觉到商家的细心和体贴，也就更喜欢在这里购物了。

五、如何发展新客户

发展新客户的通俗说法就是加粉,添加朋友或陌生人到你的微信通讯录中,让他们成为你的潜在粉丝或忠实粉丝。加粉的方法有很多,基本上可以分为两大类,线上加粉和线下加粉。

(一)线上加粉

1. 把手机通讯录里的好友、QQ 里的好友加一遍。因为之前就是熟悉或认识的人,很容易成为你的客户。

2. 在微信群里和 QQ 群里寻找潜在客户。可以先加入某些微信群或 QQ 群里观察这个群里的人大多关注什么内容,慢慢添加有可能对你的商品感兴趣的人,添加的时候要礼貌、客气、真诚,如果遇到不愿意添加你的人也不要有抵触情绪或者反复添加,这样不仅不会添加成功,还会让别人对你留下不好的印象,尤其是在同城的群,很多人都会有交叉的朋友,一旦谈论起来,会对你的人品和商品的宣传带来消极效果。也可以通过共同的兴趣爱好组建群,当大家彼此熟悉了之后,就有可能成为你的客户。

3. 发文章或者发帖子到朋友圈、微博、论坛上可以找到志同道合的人或者欣赏你的人主动加你微信。如果你的专长是写作或者摄影、音乐鉴赏等,可以把你的作品放到公共平台上,和你产生共鸣的人自然会主动加你,成为你潜在的客户。

4. 靠朋友的推荐添加新的朋友。一般来讲,朋友推荐过来的新人都是有比较强的针对性,就是要了解或者购买你的产品而添加你,这样方式添加的人很容易成为你的意向客户。

5. 搜索"附近的人"来添加朋友,这种方式可以开发生活在你周围的朋友,属于比较简单的一种方式,但是这种途径添加的人因为完全不了解,也会存在一定的信息泄露等安全隐患。

6. 用一些短视频软件,如抖音等,拍摄一些短视频赚取人气加粉丝。这种方式下主动添加你的人大多是出于对你的欣赏,不一定能够购买你的商品,还需要进一步地了解和加以宣传。

7. 用手机 App 做推广活动,如唱吧等,来吸引人气,添加粉丝,这种方式添加的粉丝和上一种方式的情况差不多。

8. 可以尝试在朋友圈里或者群里提供一些不收费的服务,如学习材料、手工品的制作方法或经验分享等,时间长了,自然就会口碑相传,相互推荐,关注你微信号的人就会越来越多,且代理商的层次也会比较高。

9. 通过一些点赞赠送小商品,推荐朋友领试用装体验等活动宣传自己,添加粉丝。

10. 如果你有微信公众平台,可以在微信公众号里添加人性化的功能,吸引更多的人关注,比如说某家快递公司的微信公众平台上,用户可以使用的功能有运单查询、网点查询、订单查询、地址管理、我要寄件等。如果用户关注了这家快递的微信公众平台,因为平台功能的全面丰富,让用户感到贴心、满意,当他需要寄件时,一定会选择这家快递公司。

11. 通过"红包"吸引粉丝,"红包"是指可以对单个人、多人、群发放的红包。红包数量和金额可以自定,金额从微信零钱或绑定的银行卡里扣除。你指定的人可以点击领取红包,如果是多人抢红包,抢到的数额随机不固定,抢到的金额也可以提现至相应人的银行卡里。因为随机性,很多人比较喜欢这项功能,也给不少微商提供了一个加粉的好方法。有很多商家建立微信群,在群里定期定时发放多个随机红包,每次数量很多,也被称为"红包雨",在发放红包之前会鼓励群里的人邀请他们的好友进群一起参与抢红包活动,被邀请进群的新人,就可以成为商家的新客户资源。在抢红包活动之后,商家还会在群里发布新品或打折商品,这样就很容易促成交易。

(二)线下加粉

1. 通过聚会来添加粉丝,同学聚会、同事聚会、朋友聚会等,在聚会上让很久不见的同学、新来的同事、朋友带来的朋友添加你的微信,成为你下一个客户。

2. 如果你在线上组建或加入某些特定群里,比如车友会、健身俱乐部、韩语学习吧等,你可以组织大家活动或参加其他人组织的活动,有共同爱好的人更容易成为朋友,也更容易成为你的客户。

3. 在工作中,也会接触新的客户,比如到外地出差参加某些研讨会、展销会等。在工作的过程中把新认识、新接触的人添加到微信通讯录里,可以扩展你的商品销售区域。

4. 大家都知道每个有微信的人,都会有属于自己的二维码,通过扫二维码加粉的方式是最直接的一种方式,所以也有很多微店商家,在自己的产品上贴上二维码,让别人轻松地扫码成为你的粉丝。如图7-1所示,卖食品的商家在食品的外包装盒上贴上自己的二维码,就可以通过微信扫码直接加上顾客了。

图7-1 商品上的二维码

【专家说说】

粉丝加完还要我们的细心维护，不能一味添加却不用心经营，我们要及时回复粉丝的问题，给出有效的答复，让粉丝觉得我们是值得信赖的商家，这样才能把新的粉丝转化为老客户。

六、客服必备的基本素质

一个合格的微商客服应该具备一些必要的基本素质和服务意识。不论是单打独斗的店主，还是兼职的销售人员，只要销售商品，只要与客户交流，就一定要具备最基本的素质和服务意识，否则微商之路是很难走下去的。

（一）基本技能素质

微商离不开手机这个重要工具，因此一切与手机相关的技能性操作都要掌握，包括微信操作、相机使用、修图软件等相关软件的使用、收付款操作等。

（二）掌握商品相关知识的素质

不了解商品就很难向客户推荐商品，对于客户的提问也无从回答，让客户感觉到你的不专业。因此，一个合格的客服必须具备掌握商品的相关知识的基本素质，能够在商品销售中，针对客户的提问给出准确而迅速的回答。

（三）品格素质

所有的客服在与客户沟通时必须保证以真诚为交流的前提，以耐心为交流的基础，认真地对待客户提出的每一个疑问，仔细地核对每一个订单，因为一点点的烦躁情绪都可能影响顾客的心情，一点点的错漏都可能造成商品的损失。

（四）综合能力素质

综合能力包括工作能力、问题解决能力、人际关系协调能力等。好的客服要有很强的工作能力，能应对各种不同类型的客户，处理好和客户之间的关系，一旦遇到突发问题也能独立思考并解决，能够顺利圆满地完成从商品的售前到售后的各个环节的实施。

（五）服务至上的意识

好的客服应该时时刻刻摆正自己的位置，设身处地地为顾客着想，学会换位思考，理解客户，真诚礼貌地对待客户，让客户感受到你优质的服务，让他们觉得在你这里购物确实被当成"上帝"来对待。

（六）树立形象的意识

形象的树立不仅仅是前期的商品介绍和店铺宣传，更需要在商品售出后也依然不松懈，因为每一个环节都关系到客户对你的评价。如果商品出售以后就认为万事大吉，对顾客的态度也不再积极了，这样的做法只能有损商家的形象，很难留住客户。

七、如何面对客户的投诉

微店和实体店一样，如果顾客对商品或者服务不满意，也可以进行投诉。对待客户的投诉，首先要第一时间回应，认真地询问原因所在。这个时候的客户大多因为不满意而抱怨、生气甚至可能听不进去店主的任何意见，所以店主一定要耐心地先听完客户的抱怨，不要和客户争辩，让顾客发泄不满，弄清楚客户为了什么要投诉，真诚地向客户表示歉意，并承诺一定尽快处理并解决问题。

弄清原因之后要给予客户安慰，对顾客表现出的情绪表示理解的同时提出补救措施，一个及时有效的补救措施，往往能将顾客的不满转变成感谢和满意。在实施补救措施的时候也要时时跟进，并及时告诉顾客进行到了哪一步，让顾客感觉到你的真诚态度和付出的努力。

最后是当问题解决后，一定要再次向客户表达歉意，并感谢顾客能够购买商品和服务，对商品和服务提出了宝贵的意见。这样善始善终的做法，很有可能会让你通过这次投诉收获一个忠实的客户。

八、如何处理微店的中差评

和网店一样，客户在微店购物完毕后，会给宝贝以及服务评分。好的评价自然可以吸引更多的顾客，对商家也有利；而中差评对商家则会带来巨大的负面影响，所以每个商家都在尽力减少客户的中差评。

对付中差评的最好方法就是防患于未然，只要保证商品的质量和把握服务的标准，就会有效地避免中差评，但不意味着百分之百没有中差评，一旦出现中差评，店主要及时和客户沟通处理，具体内容如下：

1. 查明原因。首先弄清楚是什么原因导致的中差评。
2. 联系客户。在最短的时间内联系客户进行沟通，沟通态度一定要好，让客户感觉到你的真诚。
3. 补偿条件。在表达歉意之后，应该提出一些优惠条件作为

· 143 ·

补偿措施，可根据实际情况采取不同程度的补偿措施。

4. 请求客户修改评价。如果沟通的还算顺利，补偿措施也得到认可，那么商家可以尝试请求客户修改评价。

【专家说说】

有时候给出中差评的很可能是职业差评师，他们是一批靠给别人差评生活的人，是由淘宝网催生出来的新兴职业。他们专门以给网店差评为手段索要网店钱财，商家们在经营店铺时一定要认准职业差评师并合理应对，以降低店铺的损失。职业差评师的5个特征：

1. 使用新注册的账号；
2. 不在指定的聊天工具上交谈；
3. 新开张的店铺常常成为其下手目标；
4. 低价易碎商品是首选；
5. 收货地址多偏远。

问题八　怎样成为微商中的佼佼者

【导读】 任何一种创业都不会一帆风顺，一旦选择了做微商，就应该坚定信心做下去，不论遇到什么问题都要积极、乐观地去面对、去解决。

一、良好的心态

培养一颗平常心，商品销售的好不要得意忘形，商品卖不出去也不要垂头丧气；摆正自己的位置，真诚地面对顾客；积极地处理问题，把得与失都看作是经验的累积。

二、自信的态度

自信和轻易不言败是创业的原动力。遇到难题要正确、乐观地看待，受到挫折绝不能消极对待，勇敢地面对困难、战胜困难是每个成功者必须完成的功课。

三、诚实守信的品格

诚实守信是立身之根本，作为微商更应该具有良好的品行。

不论是对待客户还是合作伙伴都要讲真诚、守信用，这样才能积攒人脉。不能为了一己私利就欺骗他人，损害别人的利益。

四、专业的技术

掌握商品和销售的专业知识是保证自己在行业中游刃有余的必要条件。尤其是新手微商，不要盲目投资和经营，有了一定的专业知识做基础才会更加得心应手。

五、吃苦耐劳的精神

无论是单打独斗，还是带领团队，只要是入了微商这一行，就要付出大量的时间、精力和体力。客户的问题再晚也要解决，包装的程序再烦琐也不能马虎，进货、卖货、发货、反馈每个细节都要跟踪到位，每个环节都要亲力亲为。

六、充足的准备

做微商前，考察市场、筹备资金、定位商品、寻找客户、装修店铺、确定物流等都要提前做好准备工作，不能盲目地投入、随意地开始。没有做好充足的准备只能换来失败的结果。

七、自我总结的能力

创业是一个不断摸索的过程，在这个过程中难免会犯错误，正确地认识错误、找到原因、改正错误、总结反省就是经验积累的过程。只有具备这样的自我总结能力，才能不断地学习和进步。

微商之路没有别人口中那么轻松,但也不是布满荆棘。虽然想要做好需要付出很多,但只要摆正心态、努力去做就一定有所回报。或许这种回报没有你预期的那么美好,但只要我们坚定信心,在正确的路上坚持走下去就一定会走向成功。

参考文献

[1] 孙凡卓. 微商运营全攻略 [M]. 北京：电子工业出版社, 2016.

[2] 崔恒华. 网店创业一本通 [M]. 北京：电子工业出版社, 2015.

[3] 一线文化. 新手淘宝开店实用秘技一本通 [M]. 北京：中国铁道出版社, 2015.

[4] 孟祥莉. 开家赚钱的淘宝网店细节攻略 [M]. 北京：中国纺织出版社, 2015.